APR 2 0 2018

Costura chic para niños

20 diseños infantiles únicos y divertidos

Ruriko Yamada

Cómo confeccionar los diseños

Todos los patrones se presentan en tamaño real, a excepción de algunas cintas y tiras al bies.

La tabla de tallas que encontrarás abajo indica la medida de los patrones para las tallas 2, 4, 6 y 8. Asegúrate de tomar las medidas del niño y de escoger la talla correspondiente a las mismas.

El largo de las prendas debe ajustarse en función de las medidas de altura, longitud de pierna y contorno de torso del niño.

La longitud del tejido y de los materiales necesarios para confeccionar cada modelo se indica en orden correlativo de tallas. Las medidas se indican en centímetros.

La colocación de los patrones y los márgenes de costura se detallan en los esquemas, que se basan en el patrón de la talla 4; según la talla escogida, quizá debas modificar la colocación de los patrones.

Tabla de referencia para el tallaje

Talla	2	4	6	8
Altura	100	110	120	130
Pecho	54	58	62	66
Cintura	49	51	53	55
Cadera	57	61	65	70

Nota: la holgura de los patrones que incluyen cinta elástica es generosa, por lo que el fruncido de la cintura deberá ajustarse de forma individual.

Cómo tomar
las medidas

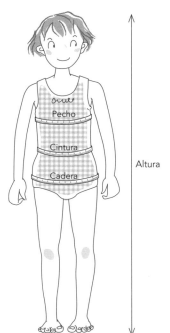

P Falda de volantes escalonados

S Canguro con capucha

índice

Cómo confeccionar los diseños..... pág. 2

a   Vestido con volantes en los hombros..... pág. 4
b   Vestido con escote cuadrado..... pág. 5
c   Blusa con lazada..... pág. 6
d   Bermudas acampanadas ..... pág. 7
e   Vestido tipo blusón..... pág. 8
f   Vestido con volantes escalonados..... pág. 9
g   Blusa con volantes escalonados..... pág. 10
h   Blusa con lorzas..... pág. 12
i   Pantalones cortos con el bajo vuelto..... pág. 13
j   Vestido con escote en pico..... pág. 14
k   Vestido con mangas acampanadas..... pág. 15
l   Bermudas hasta la rodilla..... pág. 16
m   Bermudas con bolsillos traseros..... pág. 17
n   Blusón con botonadura en el delantero..... pág. 18
o   Pantalones de pernera ancha..... pág. 19
p   Falda de volantes escalonados..... pág. 20
q   Camisa para niño con cuello de tirilla..... pág. 21
r   Pichi..... pág. 22
s   Canguro con capucha..... pág. 24
t   Camisa para niño..... pág. 25

Accesorios básicos. Agujas e hilos..... pág. 27
Consejos para coser a máquina..... pág. 28
Cómo trazar patrones de papel con margen de costura..... pág. 30
Posicionamiento de los patrones..... pág. 31
Acerca del tejido..... pág. 32

Patrones e instrucciones a partir de la página 33

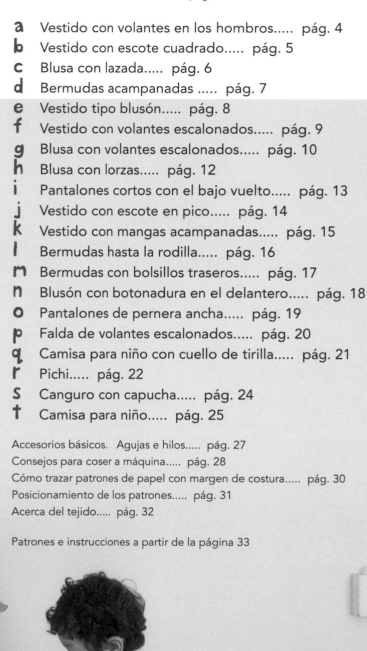

a Vestido con volantes en los hombros

Vestido para ocasiones especiales.
Los volantes de los hombros aportan a esta prenda un toque elegante.
Encontraréis las instrucciones en la **página 33**.

b Vestido con escote cuadrado

Un vestido básico sin mangas, con un canesú cuadrado
y un bonito cuerpo fruncido.
Encontraréis las instrucciones en la **página 34**.

C Blusa con lazada

El escote de esta blusa se abrocha con una lazada.
Encontraréis las instrucciones en la **página 36**.

d Bermudas acampanadas

Un diseño sencillo y fácil de llevar para unos
pantalones muy cómodos.
Encontraréis las instrucciones en la **página 37**.

e Vestido tipo blusón

Un bonito vestido con lorzas en el cuerpo y fruncidos elásticos en puños y bolsillos.
Encontraréis las instrucciones en la **página 38**.

f Vestido con volantes escalonados

Este vestido, fruncido y con mucho volumen, puede llevarse del revés, con la espalda hacia delante. En esta fotografía se muestra con el lazo en el delantero.

Encontraréis las instrucciones en la **página 40**.

g Blusa con volantes escalonados

Una versión del vestido **f** con dos volantes.
Encontraréis las instrucciones en la **página 42**.

El lazo se ha confeccionado con el mismo tejido que la blusa.
Aquí vemos la blusa con el lazo en la espalda.
Encontraréis las instrucciones en la **página 33**.

h Blusa con lorzas

Confeccionada en algodón de gramaje medio y con mangas raglán.
Encontraréis las instrucciones en la **página 43**.

❙ Pantalones cortos con el bajo vuelto

Confeccionados en lino para darles un aire de safari.
Encontraréis las instrucciones en la **página 44**.

j Vestido con escote en pico

Realizado en lino y con una puntilla a tono que remata
el escote y las sisas.
Encontraréis las instrucciones en la **página 45**.

k Vestido con mangas acampanadas

Una prenda bonita y ligera, con unas encantadoras mangas acampanadas y lazada en el escote.
Encontraréis las instrucciones en la **página 46**.

Bermudas hasta la rodilla

Fáciles de llevar gracias a su cintura elástica y a su falsa bragueta.
Encontraréis las instrucciones en la **página 48**.

 Bermudas con bolsillos traseros

Unas bermudas informales perfectas para cada día.
Encontraréis las instrucciones en la **página 50.**

n Blusón con botonadura en el delantero

Una blusa bohemia con botonadura en el escote delantero
y mangas raglán.
Encontraréis las instrucciones en la **página 52**.

⬤ Pantalones de pernera ancha

Unos pantalones largos confeccionados en lino para
que los niños disfruten del estilo de los adultos.
Encontraréis las instrucciones en la **página 54**.

Falda de volantes escalonados

Para conseguir un fantástico efecto fruncido,
usamos un tejido ligero y con cuerpo.
Encontraréis las instrucciones en la **página 56**.

q Camisa para niño con cuello de tirilla

Una camisa de aire moderno con un cuello de acabado impecable.
Encontraréis las instrucciones en la **página 57**.

r Pichi

Este pichi con volantes en los tirantes puede llevarse encima de una camiseta de tirantes o de un top de manga larga. Encontraréis las instrucciones en la **página 58**.

También puede llevarse sin nada debajo, como un fresco y ligero vestido veraniego.

S Canguro con capucha

Tiene la misma forma para niños y niñas.
Al no llevar cierres, es muy fácil de confeccionar.
Encontraréis las instrucciones en la **página 60**.

✝ Camisa para niño

Una bonita camisa con cuello entretelado de aspecto pulcro y elegante.
Encontraréis las instrucciones en la **página 62**.

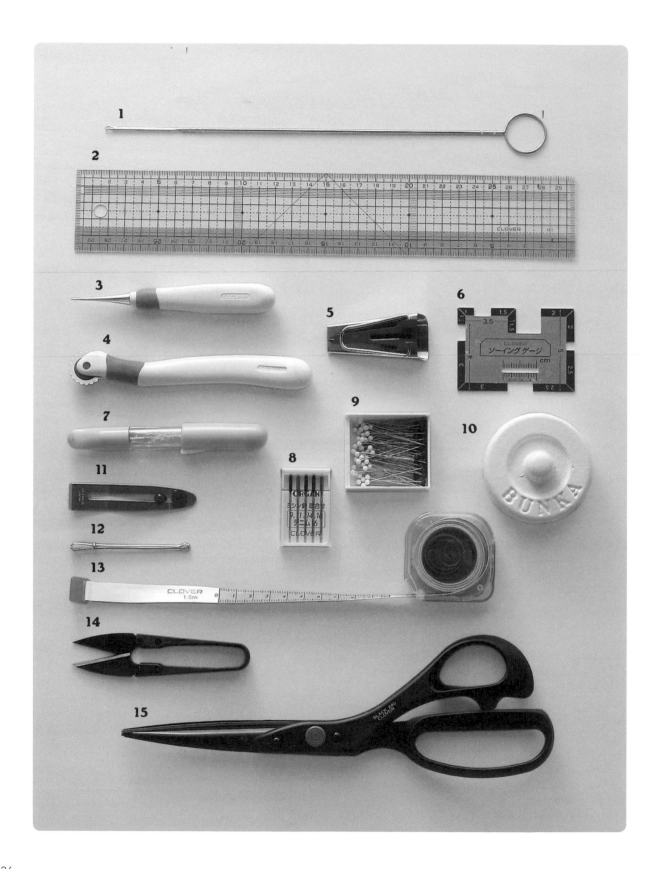

ACCESORIOS BÁSICOS

1 GANCHO GIRABIÉS
Se utiliza para volver del derecho un tubo de tejido. Es útil para hacer presillas para botones y para varios tipos de tirantes.

2 REGLA GRADUADA TRANSPARENTE
Muy útil para trazar líneas paralelas e imprescindible para añadir los márgenes de costura.

3 PUNZÓN
Es útil para perforar tejidos de alto gramaje y para volver esquinas del derecho.

4 RULETA DE MARCAR
Sirve para trasferir marcas del patrón al tejido. Puede utilizarse con y sin papel de calco.

5 ACCESORIO PARA CINTA AL BIES
Se usa para marcar dobleces en la cinta al bies y puede encontrarse en varias anchuras.

6 REGLA PEQUEÑA
Sirve para medir distancias cortas. La versión metálica es muy útil a la hora de planchar.

7 JABONCILLO DE SASTRE
Se utiliza para dibujar marcas sobre el tejido. Aquí se muestra una ruleta de jaboncillo que contiene tiza en polvo y con la que podemos dibujar líneas de anchura regular (a diferencia del jaboncillo tradicional, cuyas líneas son cada vez más gruesas a medida que se gasta).

8 AGUJAS PARA COSER A MÁQUINA
Escogemos la anchura de la aguja en función del tipo de tejido que vayamos a coser y del tipo de hilo que pensemos usar.
Si la aguja se desgasta o está dañada, hay que sustituirla por una nueva para que el acabado sea impecable.

9 ALFILERES DE MODISTA
Evita los alfileres de cabeza grande; los de cabeza pequeña son más fáciles de manejar.

10 PESAS PARA TEJIDO
Sirven para fijar el patrón sobre el tejido durante el corte.

11 PASACINTAS (ANCHO)
Se utiliza para pasar cintas elásticas anchas por el interior de las jaretas.

12 PASACINTAS
Sirve para pasar cintas elásticas por el interior de las jaretas. También puede usarse con otros materiales, como cintas normales o hebras de lana.

13 CINTA MÉTRICA
Este accesorio indispensable es útil para tomar medidas y determinar la talla, además de para medir líneas curvas.

14 CORTAHÍLOS
Sirve para cortar hilos. Te recomendamos que siempre lo tengas a mano junto a la máquina de coser.

15 TIJERAS DE MODISTA
La medida más recomendable es de 23-26 cm. Para evitar que los hilos se emboten, solo las usamos para cortar tejidos.

AGUJAS E HILOS

Para conseguir un acabado pulcro, es fundamental que mantengamos un correcto equilibrio entre aguja, hilo y tejido. No lograremos un buen acabado si solo conjugamos hilo y aguja, aguja y tejido o tejido e hilo. El equilibro lo aporta una combinación de estos tres elementos, y si conocemos los diferentes tipos de hilo existentes, lo conseguiremos.

CARACTERÍSTICAS DE LOS DIFERENTES HILOS PARA COSER A MÁQUINA

POLIÉSTER Es el tipo de hilo más utilizado, ya que es muy versátil y económico. Es adecuado para coser la mayoría de los tejidos.
NAILON Más flexible que el hilo de poliéster, este se usa para coser tejidos de punto.
SEDA Es un hilo muy resistente pero bastante caro, por lo que actualmente no suele utilizarse. El hilo de poliéster da mejores resultados al coser tejidos de seda.
ALGODÓN Como pasa con la seda, el hilo de algodón es muy resistente pero no suele usarse, pues es más caro que el de poliéster.

CÓMO ESCOGER LA AGUJA ADECUADA PARA CADA HILO

NÚMERO 9: Aguja muy fina. Se utiliza con hilos de grosor 90.
NÚMERO 11: Aguja de grosor medio. Se utiliza para coser la mayoría de tejidos con hilos de grosor 50 o 60.
NÚMERO 14: Aguja gruesa. Se utiliza para coser tejidos gruesos con hilos de grosor 50 o 60. Si queremos dar relieve a un pespunte, podemos usar hilos de grosor 30.

NÚMERO 16: Aguja muy gruesa. Se utiliza en tejidos gruesos de alto gramaje y da buen resultado al coser lienzo y lona. Puede utilizarse con hilos de grosor 30, 50 o 60.

GROSORES DEL HILO

Las cifras más altas indican los hilos de menor grosor.
90: Se utiliza para coser tejidos muy ligeros, como el linón y la gasa.
60, 50: Son los grosores más utilizados, indicados para coser la mayoría de tejidos.
30: Se utiliza para hacer pespuntes decorativos.

Aguja	Hilo	Tejido
Número 9	90	Linón, gasa, seda, satén, etc.
Número 11	60, 50	Paño, algodón de cuadros vichí, vaquero ligero, sarga ligera, franela, etc.
Número 14	60, 50, 30	Vaquero grueso, cinta de algodón gruesa, etc.
Número 16	60, 50, 30	Loneta, cinta de algodón gruesa, etc.

CONSEJOS PARA COSER A MÁQUINA

Estos sencillos consejos te permitirán mejorar tu técnica de costura a máquina.

PARA EMPEZAR A COSER

Enhebramos la aguja de delante hacia atrás. Una vez enhebrada, sujetamos el hilo con la mano y hacemos bajar y subir la aguja hasta que atrape el hilo de la canilla inferior. Tiramos de ambos hilos hacia el exterior.

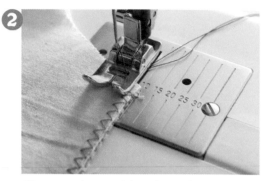

Alineamos el canto del tejido con la guía de la placa de la aguja según el margen de costura indicado (en este ejemplo, 1 cm). Cuando el tejido esté en la posición correcta, bajamos el pie prensatelas.

Quizás el tejido quede atrapado bajo el agujero de la placa de la aguja. Para evitarlo, tiramos de ambos hilos hacia la parte posterior de la máquina. Así podemos coser sin contratiempos.

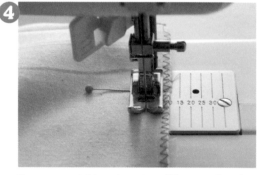

Es recomendable sujetar los alfileres en ángulo recto respecto a la línea de costura. Esto nos permite coser de manera fluida y evita que se dañe la aguja de la máquina.

Al coser, colocamos ambas manos como muestra la ilustración para que el tejido no se desvíe o se deslice y para asegurarnos de que los cantos queden bien alineados.

CÓMO COSER A CANTO

A veces, cuando cosemos a canto, el tejido se queda atrapado en el agujero que hay bajo el pie prensatelas. Para evitarlo, debemos coser un hilo en la esquina del tejido, como muestra la ilustración.

Cosemos con precaución mientras tiramos del hilo.

CÓMO COSER ESQUINAS

Para coser, por ejemplo, un bolsillo cuadrado, debemos coser en dirección a la esquina, nos detenemos antes de llegar al canto del bolsillo y damos las 2 o 3 últimas puntadas haciendo girar manualmente el volante de la máquina.

Accionando el volante, hacemos descender la aguja hasta su posición más baja y levantamos el pie prensatelas.

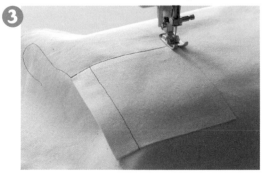

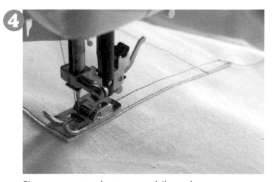

Manteniendo la aguja clavada en el tejido y el pie prensatelas levantado, giramos la tela 90 grados. Bajamos el prensatelas y cosemos en dirección a la siguiente esquina.

Si tenemos que hacer otra hilera de pespuntes, podemos utilizar la primera como guía. Según la anchura del doble pespunte, también podemos usar un prensatelas con guía para puntadas.

CÓMO TRAZAR PATRONES DE PAPEL CON MARGEN DE COSTURA

Al copiar los patrones de papel incluidos en este libro, es mejor que añadas el margen de costura al patrón a medida que lo dibujes. Es un tanto laborioso, pero minimiza los posibles errores y más adelante facilita la confección. Asegúrate de dibujar todo el patrón en su totalidad y de incluir todos los piquetes, líneas de costura, marcas de los bolsillos, etcétera.

PATRÓN TAL Y COMO APARECE EN EL LIBRO

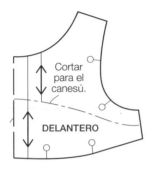

PATRONES REALES UNA VEZ CORTADOS

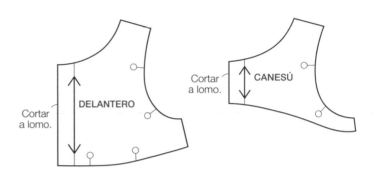

CÓMO DIBUJAR UN PATRÓN SOBRE EL PAPEL

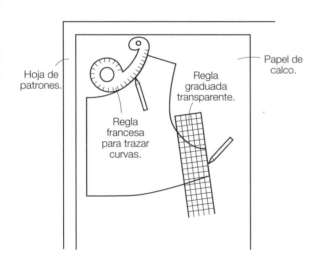

CÓMO DIBUJAR EL MARGEN DE COSTURA

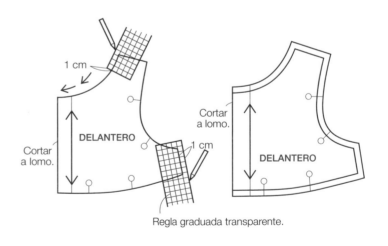

ANCHURA DEL MARGEN DE COSTURA

A no ser que se indique otra medida, la anchura del margen de costura es de 1 cm.
Si utilizamos cremalleras o cierres, debemos dejar un margen de 1,5 cm.
Si la prenda requiere dobladillos dobles, debemos seguir las instrucciones.
El sentido del doblez de las pinzas determina cómo deben cortarse. Para hacer el corte con precisión, debemos doblar el patrón en el sentido requerido antes de cortar las pinzas.

POSICIONAMIENTO DE LOS PATRONES

Estas son las técnicas esenciales para alinear el tejido y posicionar y cortar correctamente los patrones.

CÓMO DOBLAR Y ALINEAR EL TEJIDO

Medimos el tejido a conciencia. Lo doblamos por la mitad en sentido longitudinal y comprobamos que el patrón quepa en el tejido doblado. Colocamos el canto del patrón sobre el doblez del tejido y nos aseguramos de que su recto hilo corra en paralelo a la marca del recto hilo del patrón.

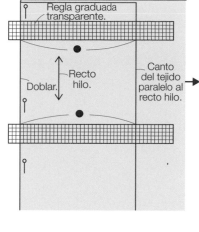

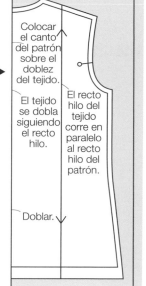

CÓMO CORTAR TEJIDOS ESTAMPADOS

Debemos comprobar el sentido del recto hilo y del estampado del tejido antes de cortar. Para cortar tejidos lisos o con estampados no direccionales (es decir, que no vayan en una dirección concreta), hay que colocar el patrón sobre el tejido como muestra el esquema de la derecha.

Si es un tejido con pelo (como, por ejemplo, el terciopelo) o con un estampado direccional, debemos colocar todas las piezas del patrón orientadas en la misma dirección, como muestra el esquema de la derecha. En el caso de tejidos a cuadros, debemos asegurarnos de que las líneas casen y sean simétricas.

DIRECCIONAL

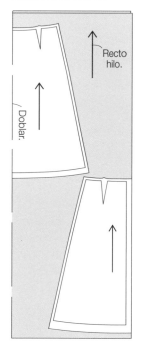

NO DIRECCIONAL

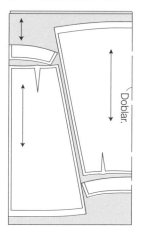

MARCAS DEL SENTIDO DEL PATRÓN

Seguimos la flecha del patrón en papel al superponerlo al tejido y nos aseguramos de que el recto hilo corra en el sentido de la flecha. Existen excepciones a este método, como los patrones que deben cortarse al bies. Si el tejido no tiene la suficiente anchura, podemos colocar el patrón en sentido transversal. Si es necesario, podemos cortar piezas como los canesús o los bolsillos en sentido transversal o bien en otro tejido.

POSICIONAMIENTO DE LOS PATRONES

Una vez añadido el margen de costura, colocamos el patrón sobre el tejido. Las pesas son el mejor método para fijar el patrón en su lugar, aunque también podemos usar alfileres.

ACERCA DEL TEJIDO

Conocer los diferentes tipos de tejido nos servirá para comprar el tejido más adecuado para nuestros proyectos.

ANCHURA

Los tejidos se presentan en varias anchuras. Los algodones suelen medir entre 110 y 112 cm de ancho, aunque también pueden encontrarse de 90 cm de ancho. Las lanas suelen medir 142 cm de ancho, mientras que los linos o los tejidos para forro pueden alcanzar los 180 cm. Los tejidos para la confección no industrial suelen tener una anchura de entre 110 y 112 cm que, a veces, no es suficiente para abarcar todos los patrones, por lo que te recomendamos que compruebes en las instrucciones la anchura del tejido necesaria antes de comprarlo.

TIPOS DE TEJIDO

Los tejidos pueden fabricarse con fibras naturales o artificiales. El algodón, el cáñamo, la seda y la lana se elaboran con fibras naturales, mientras que el poliéster y el nailon son fibras artificiales. Debes conocer las diferentes características de las fibras y los tejidos para tener suficiente información a la hora de elegir los más adecuados para nuestros patrones.

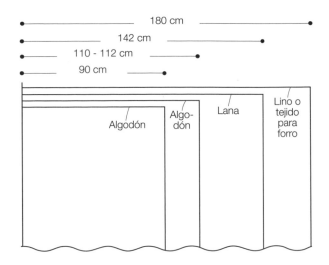

CÓMO ESCUADRAR EL TEJIDO

Antiguamente, todos los tejidos debían lavarse y escuadrarse antes de empezar a trabajar con ellos. Hoy en día, solo debemos escuadrar los tejidos de algodón y lino. Si nos cuesta cortar el tejido en línea recta y en sentido horizontal, de orillo a orillo (es decir, siguiendo la trama), quiere decir que el tejido no está escuadrado. Así pues, debemos lavar el tejido y estirarlo para alinearlo. En la mayoría de casos, esto solucionará el problema y el tejido quedará escuadrado.

Este tejido necesita escuadrarse.

Al tirar del hilo transversal (trama), el canto no queda recto.

Cortamos los hilos del canto inferior siguiendo el hilo transversal.

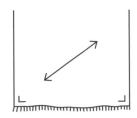

Con el tejido húmedo, tiramos de las esquinas hasta darles forma de ángulo recto.

a Vestido con volantes en los hombros página 4

Piezas del patrón

a delantero; **a** espalda; **a** canesú y pulido del canesú
delantero; **a** canesú y pulido del canesú trasero;
a volante

Materiales

Una pieza de poliéster estampado de 110 cm de ancho
y 1,20 m [talla 2]; 1,30 m [talla 4]; 1,40 m [talla 6];
1,50 m [talla 8] de largo
2 botones de 1,2 cm de diámetro

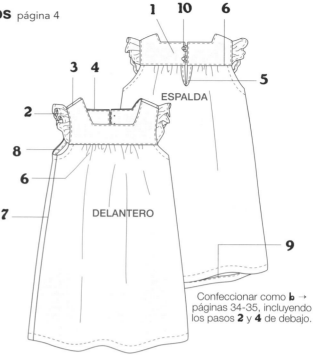

Confeccionar como **b** →
páginas 34-35, incluyendo
los pasos **2** y **4** de debajo.

2 Confeccionamos los volantes de las mangas.

② Coser dos hileras
de hilvanes.

0,5 cm   0,7 cm

Volante (R)   0,2 cm

0,5 cm

① Doblar dos
veces y sobre-
pespuntear.

"Cómo hacer dobladillos",
g → página 42.

Recortar las
esquinas del
canto.

Volante (D)   Planchar los frunces.

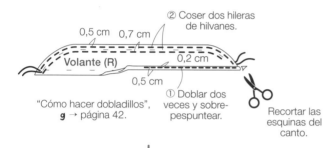

Fruncir el volante hasta que encaje
entre los piquetes de la sisa.

Confeccionar dos volantes.

4 Cosemos los volantes de las mangas a las piezas del canesú.

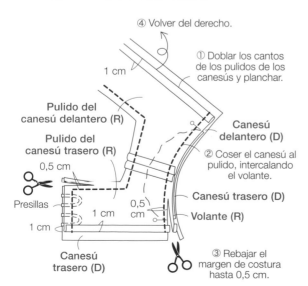

④ Volver del derecho.

① Doblar los cantos
de los pulidos de los
canesús y planchar.

1 cm

Pulido del
canesú delantero (R)

Pulido del
canesú trasero (R)

0,5 cm

Presillas

1 cm   0,5 cm

1 cm

Canesú
trasero (D)

Canesú
delantero (D)

② Coser el canesú al
pulido, intercalando
el volante.

Canesú trasero (D)

Volante (R)

③ Rebajar el
margen de costura
hasta 0,5 cm.

[POSICIONAMIENTO DE LOS PATRONES]

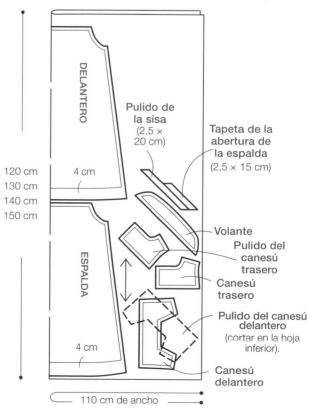

DELANTERO

Pulido de
la sisa
(2,5 ×
20 cm)

Tapeta de la
abertura de
la espalda
(2,5 × 15 cm)

120 cm
130 cm
140 cm
150 cm

4 cm

ESPALDA

4 cm

Volante

Pulido del
canesú
trasero

Canesú
trasero

Pulido del canesú
delantero
(cortar en la hoja
inferior).

Canesú
delantero

110 cm de ancho

Si no se indica lo contrario, todos los márgenes de
costura miden 1 cm de ancho.
Las medidas se indican en orden correlativo de tallas.

33

b Vestido con escote cuadrado página 5

Piezas del patrón

b delantero; b espalda; b canesú y pulido del canesú delantero; b canesú y pulido del canesú trasero

Materiales

Una pieza de algodón a cuadros vichí de 106 cm de ancho y 1,25 m [talla 2]; 1,30 m [talla 4]; 1,40 m [talla 6]; 1,50 m [talla 8] de largo

2 botones de 1,1 cm de diámetro

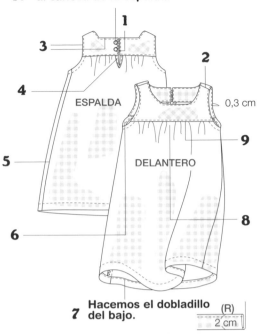

10 Cosemos los botones al canesú de la espalda.

ESPALDA

DELANTERO

0,3 cm

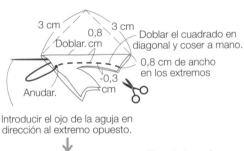

7 Hacemos el dobladillo del bajo.

(R)

2 cm

[POSICIONAMIENTO DE LOS PATRONES]

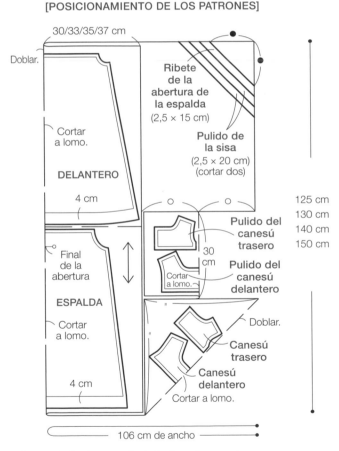

30/33/35/37 cm

Doblar.

Cortar a lomo.

DELANTERO

4 cm

Ribete de la abertura de la espalda (2,5 × 15 cm)

Pulido de la sisa (2,5 × 20 cm) (cortar dos)

Pulido del canesú trasero

Pulido del canesú delantero

Final de la abertura

ESPALDA

Cortar a lomo.

4 cm

30 cm

Cortar a lomo.

Doblar.

Canesú trasero

Canesú delantero

Cortar a lomo.

125 cm
130 cm
140 cm
150 cm

106 cm de ancho

Si no se indica lo contrario, todos los márgenes de costura miden 1 cm de ancho.
Las medidas se indican en orden correlativo de tallas.

1 Confeccionamos las presillas.

3 cm   3 cm

0,8 cm

Doblar.

Doblar el cuadrado en diagonal y coser a mano.

0,8 cm de ancho en los extremos

-0,3 cm

Anudar.

Introducir el ojo de la aguja en dirección al extremo opuesto.

Tirar de la aguja y del hilo para volver la presilla del derecho.

Dar forma con la plancha.

Confeccionamos dos presillas, ajustamos el bucle a la medida del botón y prendemos los extremos con alfileres para coserlas.

2 Cosemos las costuras de los hombros.

3 Unimos el canesú al pulido con una costura.

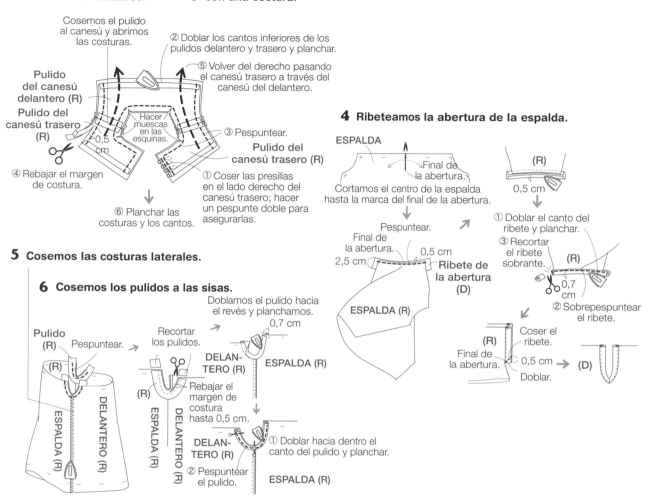

Cosemos el pulido al canesú y abrimos las costuras.

Pulido del canesú delantero (R)

Pulido del canesú trasero (R)

0,5 cm

④ Rebajar el margen de costura.

⑥ Planchar las costuras y los cantos.

Hacer muescas en las esquinas.

② Doblar los cantos inferiores de los pulidos delantero y trasero y planchar.

⑤ Volver del derecho pasando el canesú trasero a través del canesú del delantero.

③ Pespuntear.

Pulido del canesú trasero (R)

① Coser las presillas en el lado derecho del canesú trasero; hacer un pespunte doble para asegurarlas.

4 Ribeteamos la abertura de la espalda.

ESPALDA

Final de la abertura.

Cortamos el centro de la espalda hasta la marca del final de la abertura.

Pespuntear.

Final de la abertura.

2,5 cm   0,5 cm

Ribete de la abertura (D)

ESPALDA (R)

(R)   0,5 cm

① Doblar el canto del ribete y planchar.

③ Recortar el ribete sobrante.

(R)   0,7 cm

② Sobrepespuntear el ribete.

(R)   Coser el ribete.

Final de la abertura   0,5 cm   Doblar.   (D)

5 Cosemos las costuras laterales.

6 Cosemos los pulidos a las sisas.

Pulido (R)   Pespuntear.

ESPALDA (R)   DELANTERO (R)

Recortar los pulidos.

(R)

Rebajar el margen de costura hasta 0,5 cm.

DELAN-TERO (R)

② Pespuntear el pulido.

ESPALDA (R)   DELANTERO (R)

Doblamos el pulido hacia el revés y planchamos.

0,7 cm

DELAN-TERO (R)   ESPALDA (R)

DELAN-TERO (R)

① Doblar hacia dentro el canto del pulido y planchar.

ESPALDA (R)

8 Cómo hacer frunces

Cosemos dos hileras de hilvanes con puntadas largas (de 0,5 cm aprox.).

0,5 cm

0,7 cm

Fruncir entre los piquetes.

DELANTERO (D)

Fruncimos uniformemente hasta que el canto superior coincida con el canto inferior del canesú.

Para fruncir, tiramos de los dos hilos de canilla.

Planchamos los frunces.

Repetimos el proceso con el canesú trasero.

9 Cosemos el canesú al vestido.

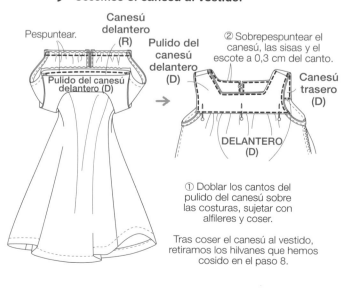

Pespuntear.

Canesú delantero (R)

Pulido del canesú delantero (D)

Pulido del canesú delantero (D)

② Sobrepespuntear el canesú, las sisas y el escote a 0,3 cm del canto.

Canesú trasero (D)

DELANTERO (D)

① Doblar los cantos del pulido del canesú sobre las costuras, sujetar con alfileres y coser.

Tras coser el canesú al vestido, retiramos los hilvanes que hemos cosido en el paso 8.

C Blusa con lazada   página 6

Piezas del patrón

c delantero; **c** espalda; **c** canesú delantero; **c** canesú trasero; **c** manga

Materiales

Una pieza de algodón con estampado floral de 110 de ancho y 0,85 m [talla 2]; 0,90 m [talla 4]; 0,95 m [talla 6]; 1,05 m [talla 8] de largo

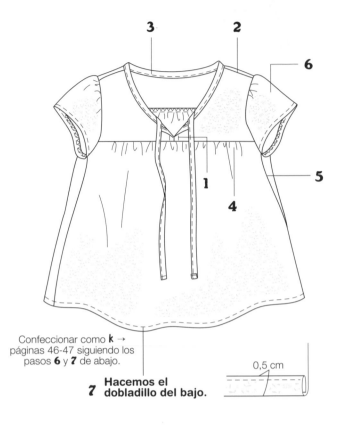

Confeccionar como **k** → páginas 46-47 siguiendo los pasos **6** y **7** de abajo.

7   **Hacemos el dobladillo del bajo.**

0,5 cm

[POSICIONAMIENTO DE LOS PATRONES]

45/50/55/60 cm

Doblar.   0 cm

Canesú trasero   Cortar a lomo.

2,8 cm

Ribete del escote (cortar dos)

Cortar a lomo.

DELANTERO

Unir ambas piezas.

85/ 90/ 95/ 105 cm

Manga

0,7 cm

ESPALDA

Cortar a lomo.

Canesú delantero

1,5 cm

0 cm

110 cm de ancho

Si no se indica lo contrario, todos los márgenes de costura miden 1 cm de ancho.
Las medidas se indican en orden correlativo de tallas.

6   **Confeccionamos las mangas.**

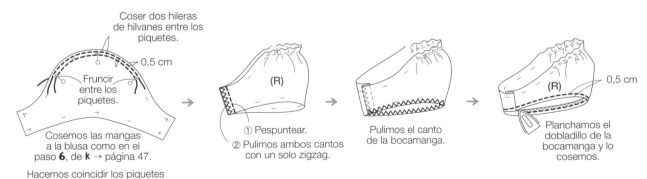

Coser dos hileras de hilvanes entre los piquetes.

0,5 cm

Fruncir entre los piquetes.

Cosemos las mangas a la blusa como en el paso **6**, de **k** → página 47.

Hacemos coincidir los piquetes de la manga con los de la sisa.

(R)

① Pespuntear.
② Pulimos ambos cantos con un solo zigzag.

Pulimos el canto de la bocamanga.

(R)   0,5 cm

Planchamos el dobladillo de la bocamanga y lo cosemos.

d Bermudas acampanadas página 7

Piezas del patrón

d delantero; **d** espalda

Materiales

Una pieza de vaquero de bajo gramaje de 118 cm de
   largo y 0,45 m [talla 2]; 0,70 m [talla 4]; 0,80 m
   [talla 6]; 0,90 m [talla 8] de largo
65 cm de cinta elástica de 2 cm de ancho

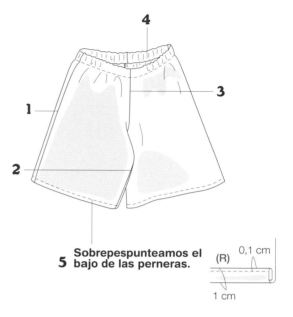

[POSICIONAMIENTO DE LOS PATRONES]

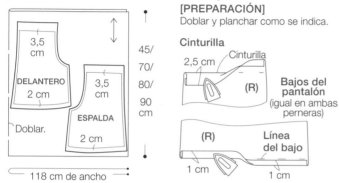

3,5 cm

DELANTERO 2 cm

3,5 cm

ESPALDA 2 cm

Doblar.

45/ 70/ 80/ 90 cm

118 cm de ancho

Si no se indica lo contrario, todos los márgenes de
costura miden 1 cm de ancho.
Las medidas se indican en orden correlativo de tallas.

[PREPARACIÓN]
Doblar y planchar como se indica.

Cinturilla

2,5 cm   Cinturilla

(R)

Bajos del pantalón
(igual en ambas perneras)

(R)   Línea del bajo

1 cm   1 cm

5 Sobrepespunteamos el bajo de las perneras.

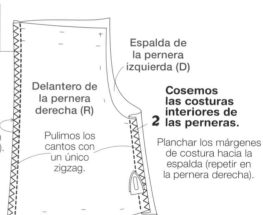

(R)   0,1 cm

1 cm

1 Cosemos las costuras laterales.

Espalda de
la pernera
izquierda (D)

Delantero de
la pernera
derecha (R)

Pulimos los
cantos con
un único
zigzag.

Planchar los
márgenes de
costura hacia la
espalda (repetir en
la pernera derecha).

**Cosemos
las costuras
interiores de**
2 las perneras.

Planchar los márgenes
de costura hacia la
espalda (repetir en
la pernera derecha).

3 Cosemos la costura de la entrepierna.

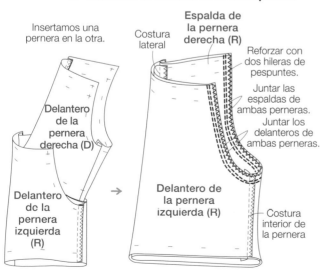

Insertamos una
pernera en la otra.

Delantero
de la
pernera
derecha (D)

Delantero
de la
pernera
izquierda
(R)

Costura
lateral

Espalda de
la pernera
derecha (R)

Reforzar con
dos hileras de
pespuntes.

Juntar las
espaldas de
ambas perneras.
Juntar los
delanteros de
ambas perneras.

Delantero de
la pernera
izquierda (R)

Costura
interior de
la pernera

4 Confeccionamos la jareta e insertamos la cinta elástica.

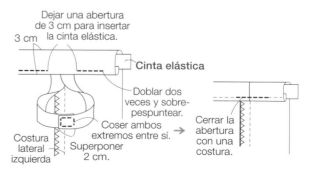

Dejar una abertura
de 3 cm para insertar
la cinta elástica.

3 cm

Cinta elástica

Doblar dos
veces y sobre-
pespuntear.

Coser ambos
extremos entre sí.
Superponer
2 cm.

Costura
lateral
izquierda

Cerrar la
abertura
con una
costura.

e Vestido tipo blusón página 8

Piezas del patrón

e delantero; **e** espalda; **e** manga; **e** bolsillo

Materiales

Una pieza de doble gasa de algodón de 1,05 m de
ancho y 1,35 m [talla 2]; 1,45 m [talla 4]; 1,55 m
[talla 6]; 1,65 m [talla 8] de largo

Una pieza de algodón estampado de 40 cm de ancho ×
40 cm de largo para los ribetes

90 cm de cinta elástica de 0,7 cm de ancho

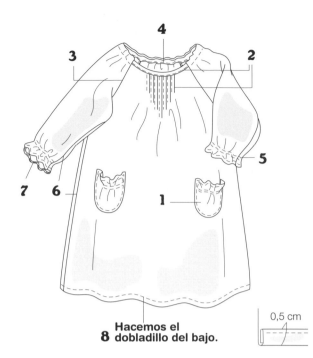

4
3
2
5
7
6
1

8 Hacemos el
dobladillo del bajo.

0,5 cm

1 Confeccionamos los bolsillos.

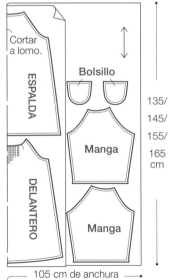

① Hacer dos dobleces de
0,5 cm y sobrepespuntear.

(R)

Dar forma al
bolsillo con una
plantilla de cartón.

(R)

Pulir los
cantos.

② Pasar un hilván
a 0,2 cm de la línea
de la costura.

Fruncir con el
hilván y planchar el
dobladillo del bolsillo.

[POSICIONAMIENTO DE LOS PATRONES]

Doble gasa de algodón

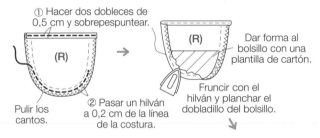

Cortar
a lomo.

ESPALDA

DELANTERO

Bolsillo

Manga

Manga

135/
145/
155/
165
cm

← 105 cm de anchura →

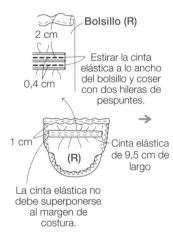

Bolsillo (R)

2 cm

0,4 cm

Estirar la cinta
elástica a lo ancho
del bolsillo y coser
con dos hileras de
pespuntes.

1 cm

(R)

Cinta elástica
de 9,5 cm de
largo

La cinta elástica no
debe superponerse
al margen de
costura.

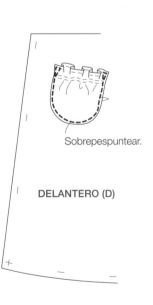

Sobrepespuntear.

DELANTERO (D)

Algodón estampado

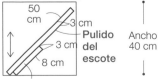

50
cm

3 cm

3 cm

8 cm

**Pulido
del
escote**

Ancho
40 cm

Ribete del escote delantero

Ancho
40 cm

Si no se indica lo contrario, todos los
márgenes de costura miden 1 cm de ancho.
Las medidas se indican en orden correlativo de tallas.

2 **Cosemos las lorzas y el ribete del escote del delantero.**

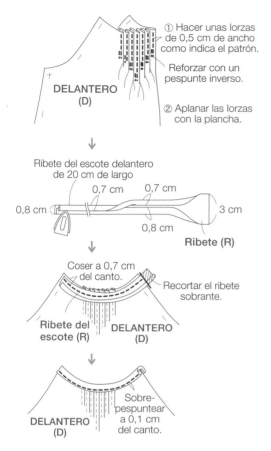

① Hacer unas lorzas de 0,5 cm de ancho como indica el patrón.

Reforzar con un pespunte inverso.

DELANTERO (D)

② Aplanar las lorzas con la plancha.

Ribete del escote delantero de 20 cm de largo

0,7 cm   0,7 cm
0,8 cm   3 cm
0,8 cm
Ribete (R)

Coser a 0,7 cm del canto.

Recortar el ribete sobrante.

Ribete del escote (R)   DELANTERO (D)

DELANTERO (D)

Sobre-pespuntear a 0,1 cm del canto.

3 **Cosemos las mangas al vestido.**

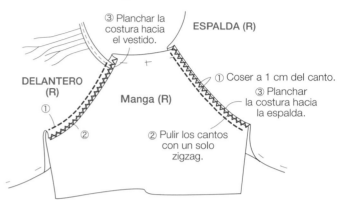

③ Planchar la costura hacia el vestido.

ESPALDA (R)

DELANTERO (R)

① Coser a 1 cm del canto.

③ Planchar la costura hacia la espalda.

Manga (R)

①

②

② Pulir los cantos con un solo zigzag.

4 **Cosemos el pulido al escote e insertamos la cinta elástica.**

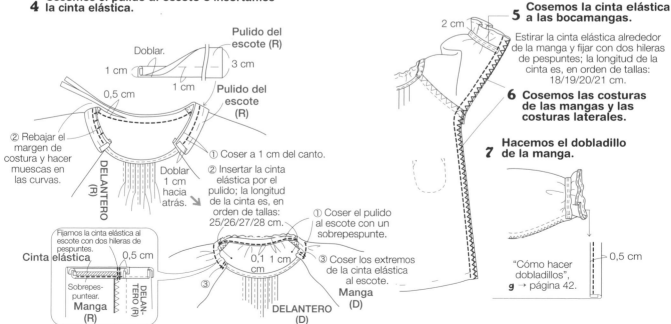

Pulido del escote (R)

Doblar.
1 cm   3 cm
0,5 cm   1 cm   **Pulido del escote (R)**

② Rebajar el margen de costura y hacer muescas en las curvas.

DELANTERO (R)

Doblar 1 cm hacia atrás.

① Coser a 1 cm del canto.

② Insertar la cinta elástica por el pulido; la longitud de la cinta es, en orden de tallas: 25/26/27/28 cm.

Fijamos la cinta elástica al escote con dos hileras de pespuntes.

Cinta elástica   0,5 cm

Sobrepespuntear.
Manga (R)   DELAN-TERO (R)

① Coser el pulido al escote con un sobrepespunte.

③ Coser los extremos de la cinta elástica al escote.

0,1 cm   1 cm

③

Manga (D)

DELANTERO (D)

5 **Cosemos la cinta elástica a las bocamangas.**

2 cm

Estirar la cinta elástica alrededor de la manga y fijar con dos hileras de pespuntes; la longitud de la cinta es, en orden de tallas: 18/19/20/21 cm.

6 **Cosemos las costuras de las mangas y las costuras laterales.**

7 **Hacemos el dobladillo de la manga.**

"Cómo hacer dobladillos", *g* → página 42.

0,5 cm

f Vestido con volantes escalonados página 9

Piezas del patrón

f volante superior delantero; **f** volante superior trasero;
  f volante intermedio; **f** volante inferior

Materiales

Una pieza de algodón estampado de 106 cm de ancho
  y 1,55 m [talla 2]; 1,65 m [talla 4]; 1,80 m [talla 6];
  1,90 m [talla 8] de largo
125 cm de cinta de 3 cm de ancho

[POSICIONAMIENTO DE LOS PATRONES]

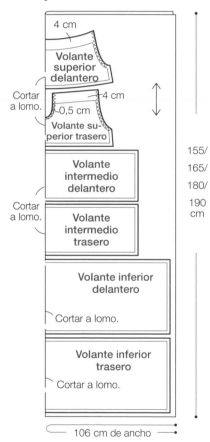

- 4 cm
- Volante superior delantero
- Cortar a lomo.
- 4 cm
- 0,5 cm
- Volante superior trasero
- Volante intermedio delantero
- Cortar a lomo.
- Volante intermedio trasero
- Volante inferior delantero
- Cortar a lomo.
- Volante inferior trasero
- Cortar a lomo.

155/
165/
180/
190
cm

— 106 cm de ancho —

1 Doblamos los cantos y los sobrepespunteamos.

4 cm
Sobrepespuntear
a 0,5 cm del canto.
Doblar 1 cm hacia
dentro.

2 Doblamos el tejido dos veces para formar la jareta y la sobrepespunteamos.

1 cm
3 cm
1 cm
DELAN-TERO (R)
3 cm
Sobrepespuntear.
1 cm
3 cm
Doblar 0,5 cm
hacia dentro.
ESPALDA (R)
1 cm
1 cm

Si no se indica lo contrario, todos los márgenes
de costura miden 1 cm de ancho.
Las medidas se indican en orden correlativo de tallas.
〰 Pulimos los cantos con una *overlock* o un zigzag
antes de coser.

3 Cosemos los volantes entre sí.

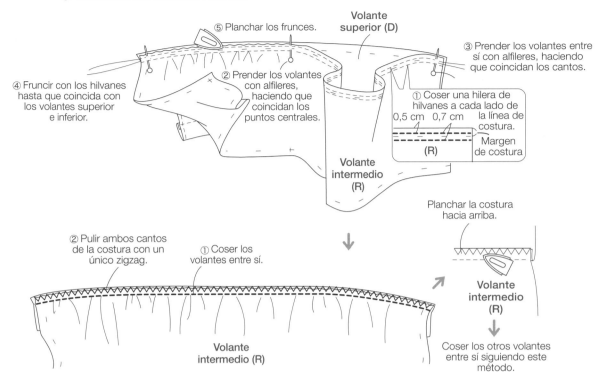

⑤ Planchar los frunces.

Volante superior (D)

③ Prender los volantes entre sí con alfileres, haciendo que coincidan los cantos.

④ Fruncir con los hilvanes hasta que coincida con los volantes superior e inferior.

② Prender los volantes con alfileres, haciendo que coincidan los puntos centrales.

① Coser una hilera de hilvanes a cada lado de la línea de costura.

0,5 cm   0,7 cm

(R)

Margen de costura

Volante intermedio (R)

② Pulir ambos cantos de la costura con un único zigzag.

① Coser los volantes entre sí.

Volante intermedio (R)

Planchar la costura hacia arriba.

Volante intermedio (R)

Coser los otros volantes entre sí siguiendo este método.

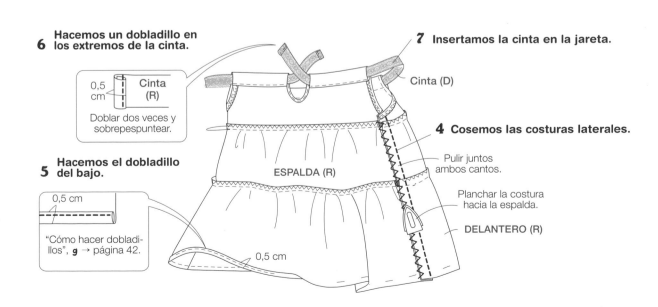

6 Hacemos un dobladillo en los extremos de la cinta.

0,5 cm

Cinta (R)

Doblar dos veces y sobrepespuntear.

5 Hacemos el dobladillo del bajo.

0,5 cm

"Cómo hacer dobladillos", **g** → página 42.

0,5 cm

7 Insertamos la cinta en la jareta.

Cinta (D)

4 Cosemos las costuras laterales.

ESPALDA (R)

Pulir juntos ambos cantos.

Planchar la costura hacia la espalda.

DELANTERO (R)

g Blusa con volantes escalonados página 10

Piezas del patrón

g volante superior delantero; **g** volante superior trasero;
g volante inferior

Materiales

Una pieza de algodón en espiga de 102 cm de ancho
y 1,20 m [talla 2]; 1,25 m [talla 4]; 1,30 m [talla 6];
1,40 m [talla 8] de largo

[POSICIONAMIENTO DE LOS PATRONES]

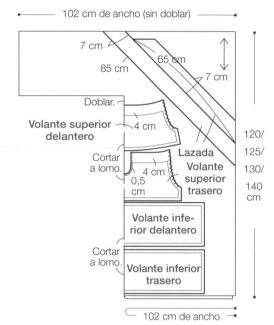

102 cm de ancho (sin doblar)

7 cm
85 cm
65 cm
7 cm
Doblar.
Volante superior
delantero
4 cm
120/
125/
130/
140
cm
Lazada
Volante
superior
trasero
Cortar
a lomo.
4 cm
0,5
cm
Volante infe-
rior delantero
Cortar
a lomo.
Volante inferior
trasero

102 cm de ancho

ESPALDA

DELANTERO

Confeccionar como
f → páginas 40-41,
incluyendo el paso **6**.

Si no se indica lo contrario, todos los márgenes de
costura miden 1 cm de ancho.
Las medidas se indican en orden correlativo de tallas.
〰 Pulimos los cantos con una *overlock* o un zigzag
antes de coser.

---

6 Confeccionamos la lazada.

La lazada mide 142 cm de largo
antes de hacer los dobladillos.

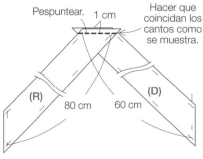

Pespuntear. 1 cm

Hacer que
coincidan los
cantos como
se muestra.

(R) 80 cm | 60 cm (D)

CÓMO HACER DOBLADILLOS

Al trabajar con tejidos ligeros,
debemos hacer dobladillos estrechos
para realzar la ligereza del tejido.

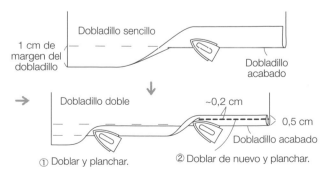

Dobladillo sencillo

1 cm de
margen del
dobladillo

Dobladillo
acabado

Dobladillo doble

~0,2 cm

0,5 cm

Dobladillo acabado

① Doblar y planchar.   ② Doblar de nuevo y planchar.

Para confeccionar la lazada, hacemos todos los dobladillos
siguiendo este método.

h Blusa con lorzas página 12

Piezas del patrón

h delantero; **h** espalda; **h** manga

Materiales

Una pieza de poliéster estampado de 110 cm de ancho
y 0,90 m [talla 2]; 0,95 m [talla 4]; 1 m [talla 6];
1,45 m [talla 8]
80 cm de cinta elástica de 0,7 cm de ancho de largo

[POSICIONAMIENTO DE LOS PATRONES]

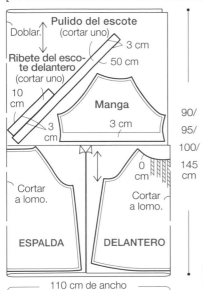

Doblar.

Pulido del escote
(cortar uno) — 3 cm

Ribete del escote delantero
(cortar uno) — 50 cm

10 cm

3 cm

Manga — 3 cm

0 cm

90/ 95/ 100/ 145 cm

Cortar a lomo.

Cortar a lomo.

ESPALDA

DELANTERO

110 cm de ancho

Si no se indica lo contrario, todos los márgenes de
costura miden 1 cm de ancho.
Las medidas se indican en orden correlativo de tallas.

3 1 2 5 4

6 Hacemos el dobladillo del bajo.

0,5 cm

"Cómo hacer dobladillos"
g → página 42.

4 Cosemos las costuras de las mangas y las costuras laterales.

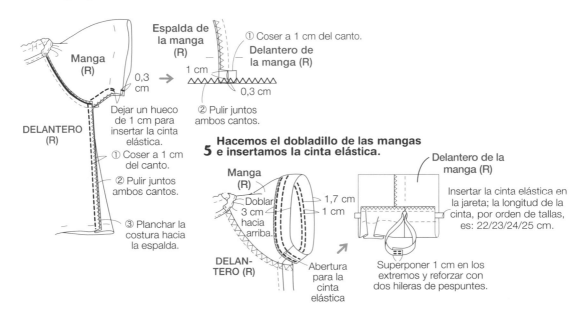

Manga (R)

0,3 cm →

Espalda de la manga (R)

① Coser a 1 cm del canto.

Delantero de la manga (R)

1 cm

0,3 cm

② Pulir juntos ambos cantos.

DELANTERO (R)

Dejar un hueco de 1 cm para insertar la cinta elástica.
① Coser a 1 cm del canto.
② Pulir juntos ambos cantos.
③ Planchar la costura hacia la espalda.

5 Hacemos el dobladillo de las mangas e insertamos la cinta elástica.

Manga (R)

Doblar 3 cm hacia arriba.

1,7 cm
1 cm

DELANTERO (R)

Abertura para la cinta elástica

Delantero de la manga (R)

Insertar la cinta elástica en la jareta; la longitud de la cinta, por orden de tallas, es: 22/23/24/25 cm.

Superponer 1 cm en los extremos y reforzar con dos hileras de pespuntes.

¡ Pantalones cortos con el bajo vuelto página 13

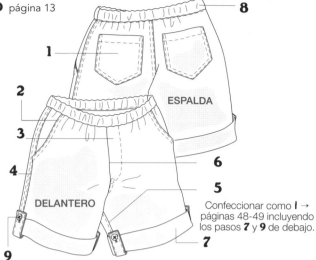

Piezas del patrón

i delantero; i espalda; i bolsillo lateral; i bolsillo trasero; i tapeta y pulido de la bragueta; i cinturilla; i presilla

Materiales

Una pieza de lienzo de cáñamo de 53 cm de ancho
y 1,60 m [talla 2]; 1,70 m [talla 4]; 1,80 m [talla 6];
2,10 m [talla 8] de largo
65 cm de cinta elástica de 2 cm de ancho
4 botones de 1,3 cm de diámetro

Confeccionar como **I →** páginas 48-49 incluyendo los pasos **7** y **9** de debajo.

[POSICIONAMIENTO DE LOS PATRONES]

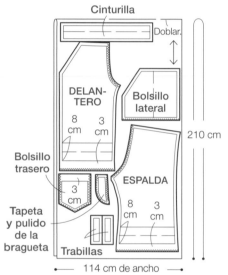

Talla 8

Cinturilla
Doblar.
DELAN-TERO
8 cm   3 cm
Bolsillo lateral
210 cm
Bolsillo trasero
ESPALDA
8 cm   3 cm
Tapeta y pulido de la bragueta
Trabillas
← 114 cm de ancho →

Tallas 2, 4 y 6

Bolsillo trasero
Tapeta y pulido de la bragueta
Doblar.
Bolsillo lateral
3 cm
Cinturilla
Trabillas
ESPALDA
8 cm   3 cm
DELANTERO
8 cm   3 cm
160/ 170/ 180 cm
← 114 cm de ancho →

Si no se indica lo contrario, todos los márgenes de costura miden 1 cm de ancho.
Las medidas se indican en orden correlativo de tallas.
⁓ Pulimos los cantos con una *overlock* o un zigzag antes de coser.

7 **Confeccionamos las trabillas y los bajos doblados.**

[PREPARACIÓN]

Doblar y planchar como se indica.

Pantalones (R)
4 cm
Línea del bajo
Línea del bajo
4 cm
Preparar el bolsillo trasero como en **I →** página 48.

Planchar las trabillas como se indica.
(R)
2 cm
Confeccionar cuatro trabillas.

② Coser las trabillas a las costuras lateral e interior de las perneras.
Costura lateral
7 cm   Trabillas
Coser el botón por el derecho.

① Doblar por la mitad a lo largo y sobrepespuntear.
1 cm
0,5 cm
Sobrepespuntear a 0,2 cm del canto.
② Hacer el ojal.

① Doblar y sobrepespuntear.
Línea del bajo
4 cm
9 **Coser los botones.**
5 cm
(D)
Línea del bajo
Costura interior de la pernera
Presilla

j Vestido con escote en pico página 14

Piezas del patrón

j delantero; **j** espalda; **j** canesú delantero; **j** canesú
trasero

Materiales

Una pieza de lino de 150 cm de ancho y 0,80 m [talla 2];
0,85 m [talla 4]; 0,90 m [talla 6]; 0,95 m [talla 8]
de largo

106 cm de puntilla de 0,7 cm de ancho

[POSICIONAMIENTO DE LOS PATRONES]

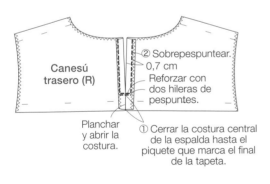

Si no se indica lo contrario, todos los márgenes
de costura miden 1 cm de ancho.
Las medidas se indican en orden correlativo
de tallas.
〰 Pulimos los cantos con una *overlock*
o un zigzag antes de coser.

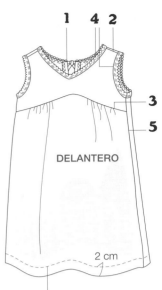

**Hacemos un dobladillo
doble en el bajo y
6 sobrepespunteamos.**

---

1 Confeccionamos la tapeta de la espalda.

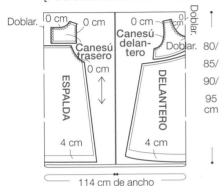

Canesú
trasero (R)

② Sobrepespuntear.
0,7 cm
Reforzar con
dos hileras de
pespuntes.

Planchar
y abrir la
costura.

① Cerrar la costura central
de la espalda hasta el
piquete que marca el final
de la tapeta.

---

3 Cosemos los canesúes al vestido.

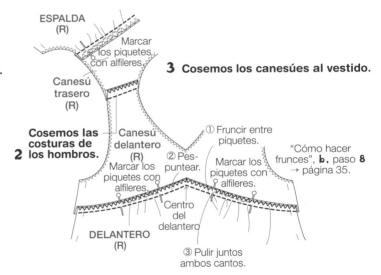

ESPALDA
(R)

Marcar
los piquetes
con alfileres.

Canesú
trasero
(R)

**Cosemos las
costuras de
2 los hombros.**

Canesú
delantero
(R)

Marcar los
piquetes con
alfileres

② Pes-
puntear.

DELANTERO
(R)

Centro
del
delantero

① Fruncir entre
piquetes.

Marcar los
piquetes con
alfileres.

"Cómo hacer
frunces", **b,** paso **8**
→ página 35.

③ Pulir juntos
ambos cantos.

---

4 Cosemos la puntilla al vestido.

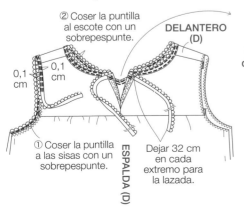

② Coser la puntilla
al escote con un
sobrepespunte.

DELANTERO
(D)

0,1
cm

0,1
cm

① Coser la puntilla
a las sisas con un
sobrepespunte.

ESPALDA (D)

Dejar 32 cm
en cada
extremo para
la lazada.

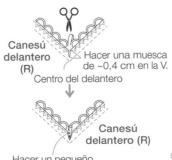

Canesú
delantero
(R)

Hacer una muesca
de ~0,4 cm en la V.

Centro del delantero

Canesú
delantero (R)

Hacer un pequeño
pliegue en la puntilla
a la altura de la V.

---

5 Cerramos las costuras laterales.

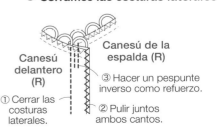

Canesú de la
espalda (R)

Canesú
delantero
(R)

① Cerrar las
costuras
laterales.

③ Hacer un pespunte
inverso como refuerzo.

② Pulir juntos
ambos cantos.

k Vestido con mangas acampanadas página 15

Piezas del patrón

k delantero; k espalda; k canesú delantero; k canesú
trasero; k manga

Materiales

Una pieza de algodón a rayas tono sobre tono de
120 cm de ancho y 1,25 m [talla 2]; 1,30 m [talla 4];
1,40 m [talla 6]; 1,85 m [talla 8] de largo

[POSICIONAMIENTO DE LOS PATRONES]

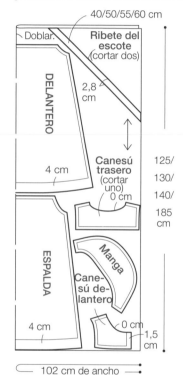

102 cm de ancho

Si no se indica lo contrario, todos
los márgenes de costura miden
1 cm de ancho.
Las medidas se indican en orden
correlativo de tallas.
A no ser que se diga lo contrario,
debemos pulir los cantos juntos
con una *overlock* o un zigzag.

[PREPARACIÓN]

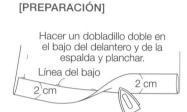

Hacer un dobladillo doble en
el bajo del delantero y de la
espalda y planchar.

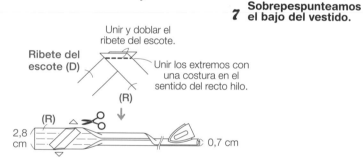

Unir y doblar el
ribete del escote.

Unir los extremos con
una costura en el
sentido del recto hilo.

7 **Sobrepespunteamos
el bajo del vestido.**

1 Confeccionamos la abertura del canesú delantero.

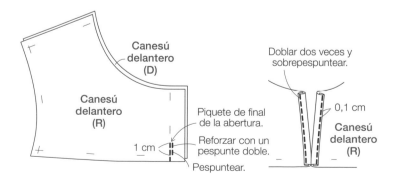

2 **Cerramos las costuras de los hombros.**

Canesú
trasero (R)

0,1 cm

0,7 cm

3 **Cosemos el ribete al escote.**

0,1 cm

① Coser el ribete.

② Doblar el ribete sobre
el canto sin pulir y
sobrepespuntear.

Canesú
delantero (R)

0,7 cm

25 cm

Doblar el extremo
0,5 cm dos veces.

Sobrepespuntear.

4 **Fruncimos el vestido
y lo cosemos al canesú.**

Confeccionar como los
pasos **8** y **9** de **b** →
página 35.

Canesú
delantero (R)

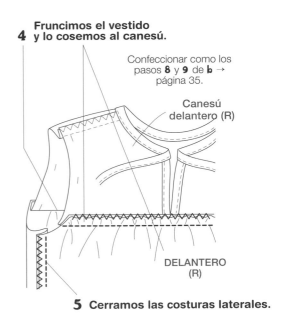

DELANTERO
(R)

5 **Cerramos las costuras laterales.**

6 **Cosemos las mangas al cuerpo.**

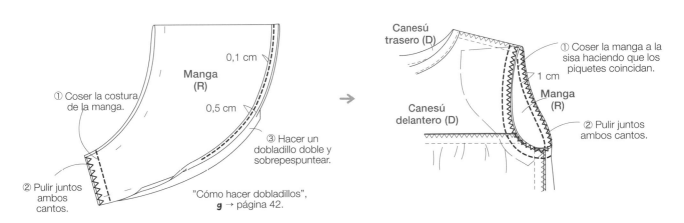

① Coser la costura
de la manga.

Manga
(R)

0,1 cm

0,5 cm

② Pulir juntos
ambos
cantos.

③ Hacer un
dobladillo doble y
sobrepespuntear.

"Cómo hacer dobladillos",
g → página 42.

Canesú
trasero (D)

Canesú
delantero (D)

① Coser la manga a la
sisa haciendo que los
piquetes coincidan.

1 cm

Manga
(R)

② Pulir juntos
ambos cantos.

Bermudas hasta la rodilla página 16

Piezas del patrón

I delantero; I espalda; I bolsillo lateral; I bolsillo trasero;
I tapeta y pulido de la bragueta; I cinturilla

Materiales

Una pieza de sarga de algodón en color caqui de 114 cm
de ancho y 0,80 m [talla 2]; 0,85 m [talla 4]; 0,90 m
[talla 6]; 0,95 m [talla 8] de largo
65 cm de cinta elástica de 2 cm de ancho

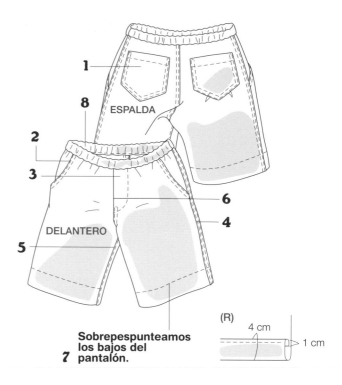

1
8
ESPALDA

2
3
DELANTERO
5
6
4

[POSICIONAMIENTO DE LOS PATRONES]

Doblar.

Bolsillo
lateral

Tapeta y pulido
de la bragueta

Bolsillo
trasero

2,5
cm

Cortar
a lomo
(costura
lateral
derecha).

Cinturilla

DELANTERO

ESPALDA

5 cm

5 cm

80/
85/
90/
95
cm

114 cm de ancho

Si no se indica lo contrario, todos los márgenes de
costura miden 1 cm de ancho.
Las medidas se indican en orden correlativo de tallas.
〰 Pulimos los cantos con una *overlock* o un zigzag
antes de coser.

7 Sobrepespunteamos
los bajos del
pantalón.

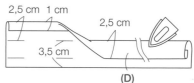

(R)
4 cm
1 cm

[Preparación]
Doblar y planchar como muestra la ilustración.

Bajos del pantalón
(igual en ambas perneras)

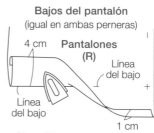

4 cm
Pantalones
(R)
Línea
del bajo

Línea
del bajo
1 cm

Cinturilla

2,5 cm 1 cm
2,5 cm
3,5 cm
(D)

Bolsillo
(confeccionar dos)

Doblar 1,5 cm
dos veces.

(R)

1 Confeccionamos los bolsillos traseros.

Doblar 1,5 cm dos veces
y sobrepespuntear.

Confeccionar los bolsillos
traseros como en el paso
1 de **o** → página 55.

2 Cosemos los bolsillos laterales al pantalón.

3 Cosemos la tapeta y el pulido de la braqueta.

4 Cerramos las costuras laterales.

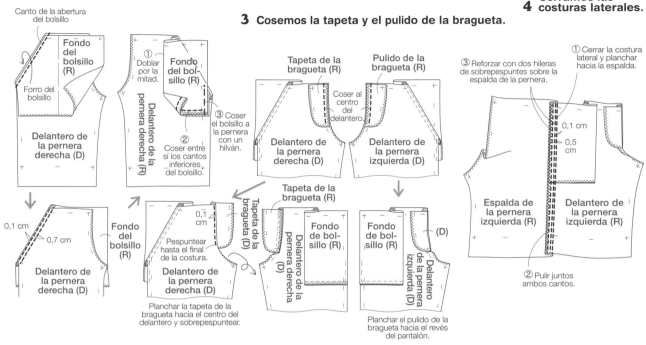

6 Cosemos la costura de la entrepierna.

5 Cosemos las costuras interiores de las perneras.

8 Cosemos la cinturilla al pantalón e insertamos la cinta elástica.

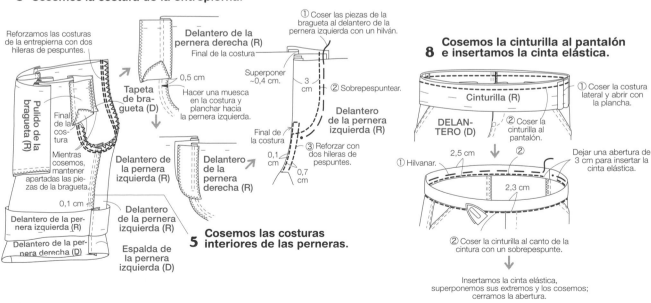

ꟿ Bermudas con bolsillos traseros página 17

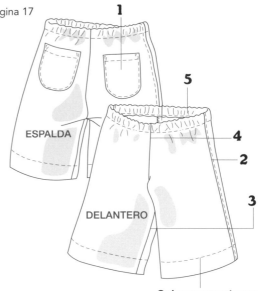

Piezas del patrón

m delantero; **m** espalda; **m** bolsillo

Materiales

Una pieza de algodón de 110 cm de ancho y 0,65 m
  [talla 2]; 0,70 m [talla 4]; 0,75 m [talla 6]; 0,95 m
  [talla 8] de largo
65 cm de cinta elástica de 2 cm de ancho

Sobrepespunteamos los dobladillos 6 de los bolsillos.

[POSICIONAMIENTO DE LOS PATRONES]

65/
70/
75/
95
cm

110 cm de ancho

Si no se indica lo contrario, todos los márgenes de
costura miden 1 cm de ancho.
Las medidas se indican en orden correlativo de tallas.
〰 Pulimos los cantos con una *overlock* o un zigzag
antes de coser.

[PREPARACIÓN]

Doblar y planchar como se indica.

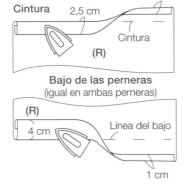

Bolsillo

Canto superior del bolsillo

---

1 Cosemos los bolsillos al pantalón.

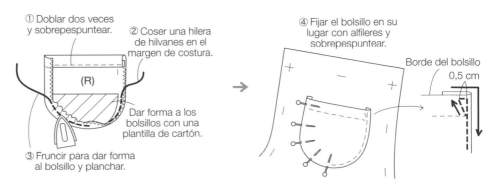

① Doblar dos veces
y sobrepespuntear.

② Coser una hilera
de hilvanes en el
margen de costura.

Dar forma a los
bolsillos con una
plantilla de cartón.

③ Fruncir para dar forma
al bolsillo y planchar.

④ Fijar el bolsillo en su
lugar con alfileres y
sobrepespuntear.

Borde del bolsillo
0,5 cm

2 Cerramos las costuras laterales.

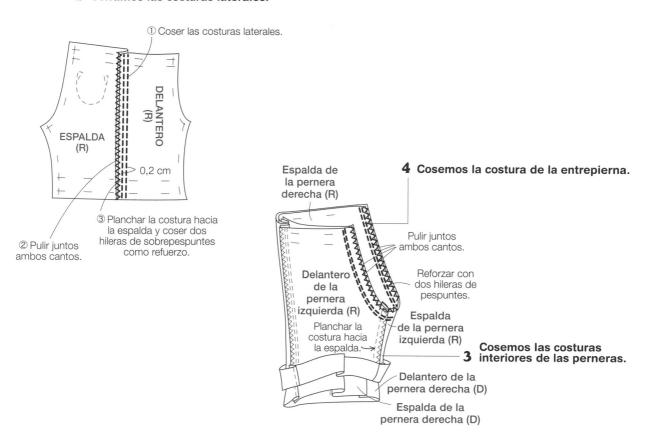

① Coser las costuras laterales.

DELANTERO (R)

ESPALDA (R)

0,2 cm

③ Planchar la costura hacia la espalda y coser dos hileras de sobrepespuntes como refuerzo.

② Pulir juntos ambos cantos.

Espalda de la pernera derecha (R)

4 Cosemos la costura de la entrepierna.

Pulir juntos ambos cantos.

Reforzar con dos hileras de pespuntes.

Delantero de la pernera izquierda (R)

Espalda de la pernera izquierda (R)

Planchar la costura hacia la espalda.

3 Cosemos las costuras interiores de las perneras.

Delantero de la pernera derecha (D)

Espalda de la pernera derecha (D)

5 Confeccionamos la jareta e insertamos la cinta elástica.

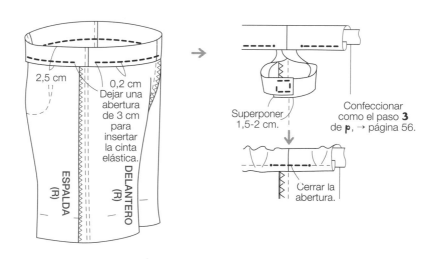

2,5 cm

0,2 cm Dejar una abertura de 3 cm para insertar la cinta elástica.

ESPALDA (R)

DELANTERO (R)

Superponer 1,5-2 cm.

Confeccionar como el paso **3** de **p**, → página 56.

Cerrar la abertura.

ŋ Blusón con botonadura en el delantero página 18

Piezas del patrón

ŋ delantero; ŋ espalda; ŋ manga; ŋ volante

Materiales

Una pieza de algodón-lino de 120 cm de ancho y
0,90 m [talla 2]; 0,95 m [talla 4]; 1,05 m [talla 6];
1,30 m [talla 8] de largo
6 cm de puntilla de 1,5 cm de ancho
3 botones de 1,1 cm de diámetro

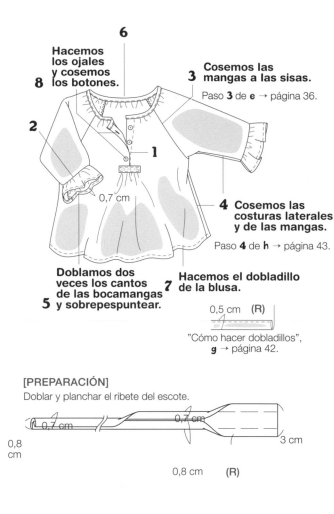

6 Hacemos los ojales y cosemos los botones.

8

2

0,7 cm

3 Cosemos las mangas a las sisas.
Paso **3** de **e** → página 36.

4 Cosemos las costuras laterales y de las mangas.
Paso **4** de **h** → página 43.

5 Doblamos dos veces los cantos de las bocamangas y sobrepespuntear.

7 Hacemos el dobladillo de la blusa.

0,5 cm (R)

"Cómo hacer dobladillos", **g** → página 42.

[POSICIONAMIENTO DE LOS PATRONES]

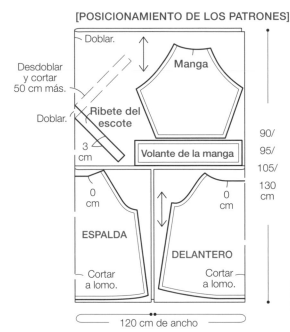

Doblar.

Desdoblar y cortar 50 cm más.

Doblar.

Manga

Ribete del escote

3 cm

Volante de la manga

0 cm

0 cm

ESPALDA

DELANTERO

Cortar a lomo.

Cortar a lomo.

90/ 95/ 105/ 130 cm

120 cm de ancho

[PREPARACIÓN]

Doblar y planchar el ribete del escote.

0,7 cm   0,7 cm

0,8 cm   3 cm

0,8 cm   (R)

Si no se indica lo contrario, todos los márgenes de costura miden 1 cm de ancho.
Las medidas se indican en orden correlativo de tallas.

1 Confeccionamos la tapeta delantera.

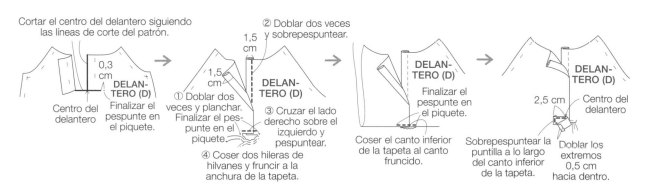

Cortar el centro del delantero siguiendo las líneas de corte del patrón.

0,3 cm
DELAN-TERO (D)
Centro del delantero
Finalizar el pespunte en el piquete.

② Doblar dos veces y sobrepespuntear.
1,5 cm

1,5 cm
DELAN-TERO (D)
① Doblar dos veces y planchar. Finalizar el pespunte en el piquete.
③ Cruzar el lado derecho sobre el izquierdo y pespuntear.
④ Coser dos hileras de hilvanes y fruncir a la anchura de la tapeta.

DELAN-TERO (D)
Finalizar el pespunte en el piquete.
Coser el canto inferior de la tapeta al canto fruncido.

DELAN-TERO (D)
2,5 cm
Centro del delantero
Sobrepespuntear la puntilla a lo largo del canto inferior de la tapeta.
Doblar los extremos 0,5 cm hacia dentro.

2 Cosemos el volante a la manga.

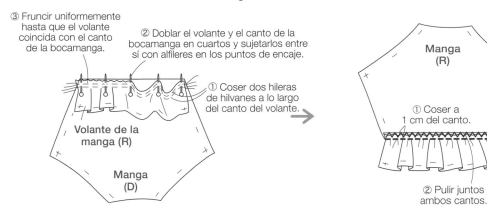

③ Fruncir uniformemente hasta que el volante coincida con el canto de la bocamanga.

② Doblar el volante y el canto de la bocamanga en cuartos y sujetarlos entre sí con alfileres en los puntos de encaje.

① Coser dos hileras de hilvanes a lo largo del canto del volante.

Volante de la manga (R)

Manga (D)

Manga (R)

① Coser a 1 cm del canto.

Planchar la costura hacia arriba.

Volante de la manga (R)

② Pulir juntos ambos cantos.

6 Cosemos el ribete al escote.

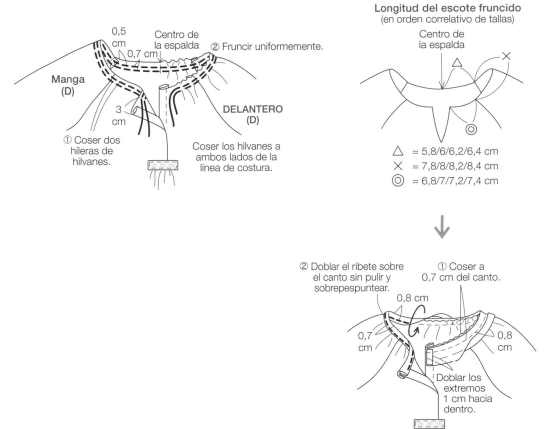

0,5 cm

0,7 cm

Centro de la espalda

② Fruncir uniformemente.

Manga (D)

3 cm

① Coser dos hileras de hilvanes.

Coser los hilvanes a ambos lados de la línea de costura.

DELANTERO (D)

Longitud del escote fruncido
(en orden correlativo de tallas)

Centro de la espalda

△ = 5,8/6/6,2/6,4 cm
✕ = 7,8/8/8,2/8,4 cm
◎ = 6,8/7/7,2/7,4 cm

② Doblar el ribete sobre el canto sin pulir y sobrepespuntear.

① Coser a 0,7 cm del canto.

0,8 cm

0,7 cm

0,8 cm

Doblar los extremos 1 cm hacia dentro.

○ Pantalones de pernera ancha *página 19*

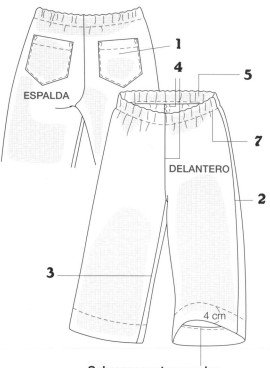

Piezas del patrón

○ delantero; ○ espalda; ○ bolsillo

Materiales

Una pieza de lienzo de cáñamo de 53 cm de ancho y
1,70 m [talla 2]; 1,80 m [talla 4]; 2,80 m [talla 6];
3,60 m [talla 8] de largo
65 cm de cinta elástica de 2 cm de ancho

[POSICIONAMIENTO DE LOS PATRONES]
Tallas 6 y 8

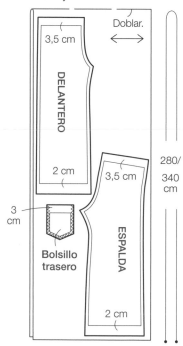

Tallas 2 y 4

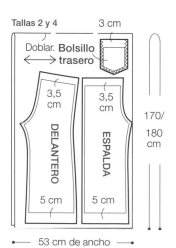

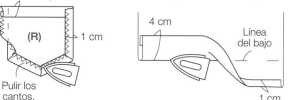

6 Sobrepespunteamos los bajos de las perneras.

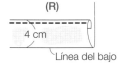

(R)

4 cm

Línea del bajo

[PREPARACIÓN]
Doblamos y planchamos los bajos.

Bolsillo trasero
(confeccionar dos)

Doblar el bajo 1,5 cm dos veces.

(R)   1 cm

Pulir los cantos.

Bajos del pantalón
(iguales en ambas perneras)

4 cm

Línea del bajo

1 cm

Si no se indica lo contrario, todos los márgenes de
costura miden 1 cm de ancho.
Las medidas se indican en orden correlativo de tallas.
〜〜 Pulimos los cantos con una *overlock* o un zigzag
antes de coser.

1 Confeccionamos los bolsillos traseros.

0,5 cm

Doblar el canto 1,5 cm dos veces y sobrepespuntear.

(R)

Línea de la costura central de la espalda

ESPALDA (D)

Fijar el bolsillo en su lugar con alfileres y sobrepespuntear.

2 Cerramos las costuras laterales.

4 Cosemos la costura de la entrepierna.

① Insertar una pernera en la otra encarando las costuras delanteras y traseras de la entrepierna.

② Pulir juntos ambos cantos.

ESPALDA (R)

0,1 cm

Reforzar con dos hileras de pespuntes.

DELANTERO (R)

3 Cosemos las costuras interiores de las perneras.

Pulir juntos ambos cantos.

(D)

DELANTERO (D)

5 Confeccionamos la cintura elástica.

2,5 cm

Dejar 3 cm en la abertura para insertar el elástico.

Costura lateral izq.

2,5 cm | 3 cm

0,1 cm | (R)

DELAN-TERO (D)

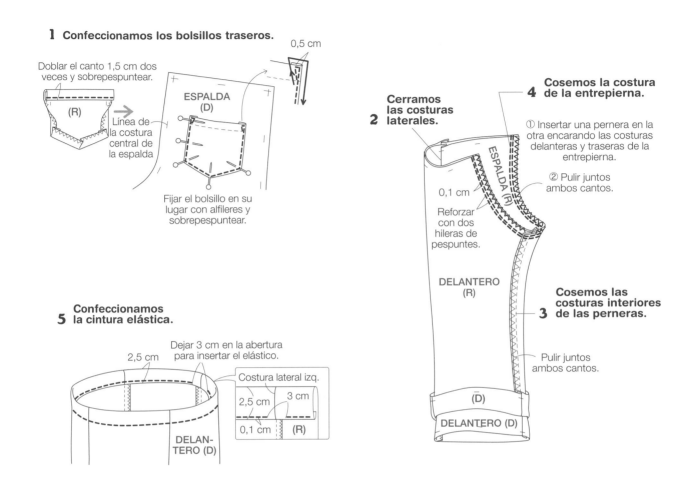

7 Insertamos la cinta elástica en la cintura.

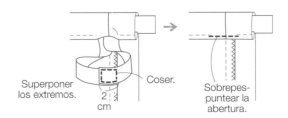

Superponer los extremos.

2 cm

Coser.

Sobrepespuntear la abertura.

p Falda de volantes escalonados página 20

Piezas del patrón

p volante superior; p volante intermedio; p volante inferior

Materiales

Una pieza de algodón con estampado Liberty de 110 cm de ancho y 0,80 m [talla 2]; 0,85 m [talla 4]; 1,10 m [talla 6]; 1,15 m [talla 8] de largo

65 cm de cinta elástica de 2 cm de ancho

[POSICIONAMIENTO DE LOS PATRONES]

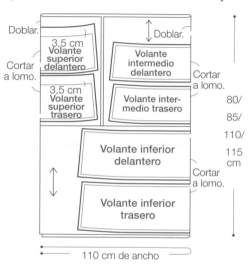

Doblar.
3,5 cm Volante superior delantero
Cortar a lomo.
3,5 cm Volante superior trasero
Doblar.
Volante intermedio delantero
Cortar a lomo.
Volante intermedio trasero
80/ 85/ 110/ 115 cm
Volante inferior delantero
Cortar a lomo.
Volante inferior trasero
110 cm de ancho

Si no se indica lo contrario, todos los márgenes de costura miden 1 cm de ancho.
Las medidas se indican en orden correlativo de tallas.

3 Confeccionamos la cintura e insertamos el elástico.

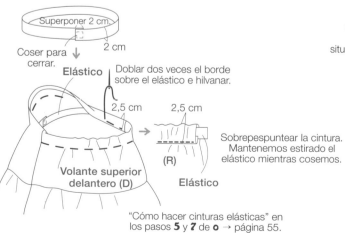

Superponer 2 cm.
Coser para cerrar.
2 cm
Elástico
Doblar dos veces el borde sobre el elástico e hilvanar.
2,5 cm   2,5 cm
(R)
Volante superior delantero (D)
Elástico
Sobrepespuntear la cintura. Mantenemos estirado el elástico mientras cosemos.

"Cómo hacer cinturas elásticas" en los pasos 5 y 7 de o → página 55.

2 Cerramos las costuras laterales.

3

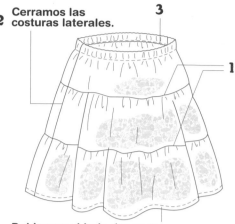

1

4 Doblamos el bajo dos veces y lo sobrepespunteamos.

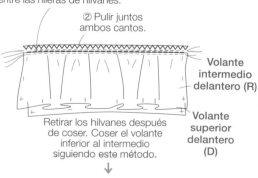

0,5 cm   (R)

"Cómo hacer dobladillos", g → página 42.

1 Cosemos los volantes entre sí.

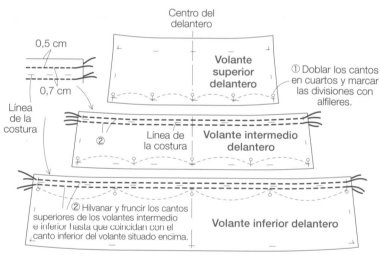

Centro del delantero

0,5 cm
0,7 cm
Línea de la costura

Volante superior delantero

① Doblar los cantos en cuartos y marcar las divisiones con alfileres.

② Línea de la costura
Volante intermedio delantero

② Hilvanar y fruncir los cantos superiores de los volantes intermedio e inferior hasta que coincidan con el canto inferior del volante situado encima.

Volante inferior delantero

① Coser entre sí los volantes siguiendo la línea de costura situada entre las hileras de hilvanes.

② Pulir juntos ambos cantos.

Volante intermedio delantero (R)

Volante superior delantero (D)

Retirar los hilvanes después de coser. Coser el volante inferior al intermedio siguiendo este método.

Unir los volantes de la espalda siguiendo este método.

q Camisa para niño con cuello de tirilla página 21

Piezas del patrón

q delantero; q espalda; q manga; q canesú y pulido del canesú; q cuello

Materiales

Una pieza de algodón a rayas de 110 cm de ancho y 0,90 m [talla 2]; 0,95 m [talla 4]; 1 m [talla 6]; 1,05 m [talla 8] de largo

Una pieza de entretela termoadhesiva de 20 cm × 50 cm

7 Confeccionar como **†** → páginas 62-63, incluyendo el paso **6** que aparece debajo.

[POSICIONAMIENTO DE LOS PATRONES]

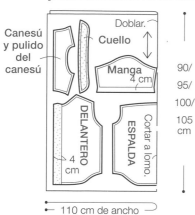

Canesú y pulido del canesú

Doblar.

Cuello

Manga 4 cm

90/ 95/ 100/ 105 cm

DELANTERO 4 cm

ESPALDA
Cortar a lomo.

110 cm de ancho

Entretela termoadhesiva   Cuello exterior

Tapeta del delantero

50 cm

• 20 cm •

Si no se indica lo contrario, todos los márgenes de costura miden 1 cm de ancho.
Las medidas se indican en orden correlativo de tallas.
▨ Entretelamos estas piezas.
Solo entretelamos el cuello exterior.

6 Confeccionamos el cuello.

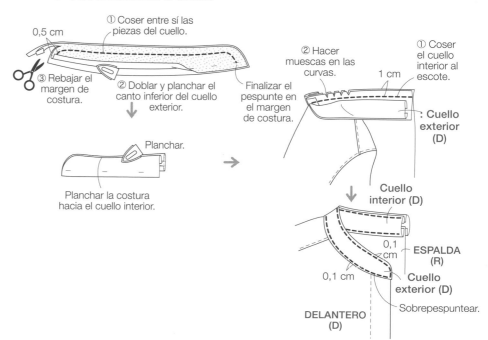

0,5 cm

① Coser entre sí las piezas del cuello.

③ Rebajar el margen de costura.

② Doblar y planchar el canto inferior del cuello exterior.

Finalizar el pespunte en el margen de costura.

Planchar.

Planchar la costura hacia el cuello interior.

② Hacer muescas en las curvas.

① Coser el cuello interior al escote.

1 cm

: Cuello exterior (D)

Cuello interior (D)

0,1 cm

ESPALDA (R)

Cuello exterior (D)

0,1 cm

Sobrepespuntear.

DELANTERO (D)

r Pichi página 22

Piezas del patrón

r delantero; r espalda; r canesú y pulido del canesú delantero; r canesú y pulido del canesú trasero; r volante

Materiales

Una pieza de pana de bajo gramaje de 110 cm de ancho y 1,40 m [talla 2]; 1,45 m [talla 4]; 1,50 m [talla 6]; 1,55 m [talla 8] de largo

2 botones de 1,5 cm de diámetro

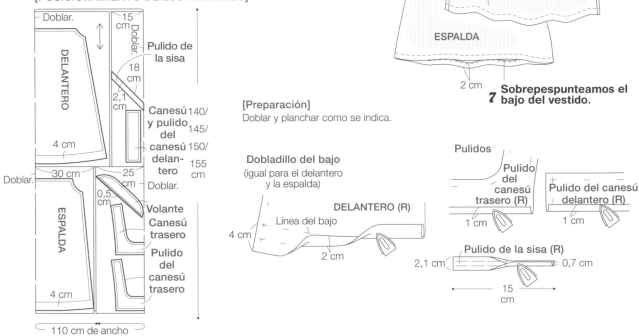

7 Sobrepespunteamos el bajo del vestido.

[POSICIONAMIENTO DE LOS PATRONES]

[Preparación]
Doblar y planchar como se indica.

110 cm de ancho

Si no se indica lo contrario, todos los márgenes de costura miden 1 cm de ancho.

Las medidas se indican en orden correlativo de tallas.

〰 Pulimos los cantos con una *overlock* o un zigzag antes de coser.

1 Confeccionamos los volantes de la sisa.

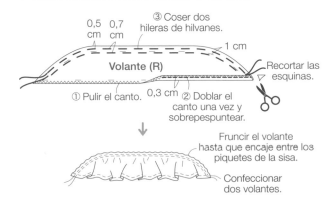

2 Confeccionamos el canesú delantero.

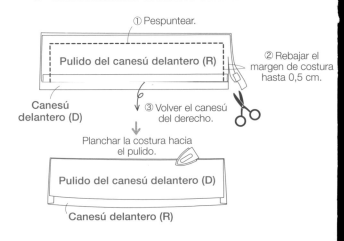

3 Confeccionamos el canesú trasero.

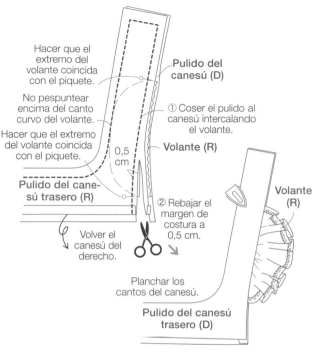

Hacer que el extremo del volante coincida con el piquete.

No pespuntear encima del canto curvo del volante.

Hacer que el extremo del volante coincida con el piquete.

Pulido del canesú trasero (R)

Volver el canesú del derecho.

Pulido del canesú (D)

① Coser el pulido al canesú intercalando el volante.

Volante (R)

0,5 cm

② Rebajar el margen de costura a 0,5 cm.

Planchar los cantos del canesú.

Pulido del canesú trasero (D)

Volante (R)

4 Cerramos las costuras laterales.

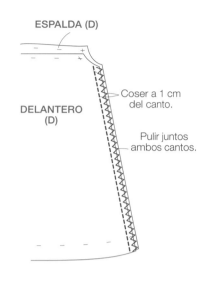

ESPALDA (D)

DELANTERO (D)

Coser a 1 cm del canto.

Pulir juntos ambos cantos.

5 Cosemos los pulidos a las sisas.

① Pespuntear.

1 cm

Pulido de la sisa (R)

0,7 cm

② Rebajar el margen de costura a 0,5 cm.

③ Hacer muescas en las curvas.

ESPALDA (D)

DELANTERO (D)

Costura lateral.

Sobrepespuntear.

0,7 cm

Pulido de la sisa (D)

ESPALDA (D)

DELANTERO (D)

0,1 cm

Costura lateral

6 Cosemos los pulidos al vestido.

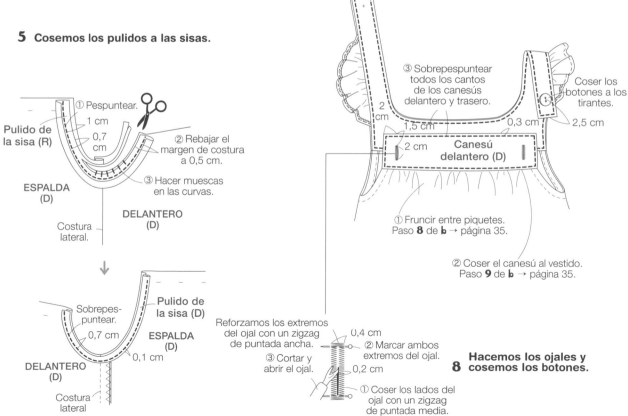

③ Sobrepespuntear todos los cantos de los canesús delantero y trasero.

Coser los botones a los tirantes.

2 cm

1,5 cm   0,3 cm   2,5 cm

2 cm   Canesú delantero (D)

① Fruncir entre piquetes. Paso **8** de **b** → página 35.

② Coser el canesú al vestido. Paso **9** de **b** → página 35.

Reforzamos los extremos del ojal con un zigzag de puntada ancha.

0,4 cm

② Marcar ambos extremos del ojal.

③ Cortar y abrir el ojal.

0,2 cm

① Coser los lados del ojal con un zigzag de puntada media.

8 Hacemos los ojales y cosemos los botones.

S Canguro con capucha página 24

Piezas del patrón

s delantero; s espalda; s capucha

Materiales

Una pieza de sarga de algodón en espiga de 102 cm de
ancho o una pieza de algodón a cuadros escoceses de
112 cm de ancho y 1,05 m [talla 2]; 1,20 m [talla 4];
1,30 m [talla 6]; 1,40 m [talla 8] de largo

Una tira de entretela termoadhesiva de 5 cm × 2 cm

112 cm de cinta de algodón de 1 cm de ancho

6 cm de cinta elástica de 0,5 cm de ancho

[Preparación]
Doblar y planchar como se indica.

DELANTERO (R)
5 cm — Entretelar. 2 cm
Línea del bajo — 2 cm
Centro del delantero — 1 cm

ESPALDA (R)
2 cm

Mangas
(confeccionar dos iguales)
(R) 2 cm
1 cm

Pulido del escote
(R) 0,7 cm
35 cm

[POSICIONAMIENTO DE LOS PATRONES]

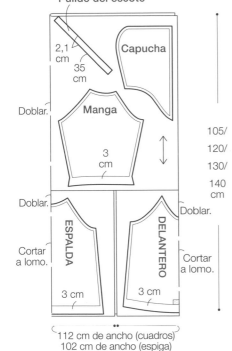

Pulido del escote

2,1 cm

35 cm

Capucha

Doblar.

Manga

3 cm

Doblar.

ESPALDA

Cortar a lomo.

3 cm

Doblar.

DELANTERO

Cortar a lomo.

3 cm

105/
120/
130/
140 cm

112 cm de ancho (cuadros)
102 cm de ancho (espiga)

Si no se indica lo contrario, todos los
márgenes de costura miden 1 cm de
ancho.
Las medidas se indican en orden
correlativo de tallas.
▨ Entretelamos estas piezas.

1 Cosemos las mangas al cuerpo.

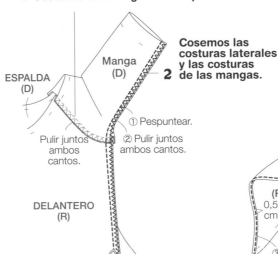

ESPALDA (D)

Manga (D)

Cosemos las costuras laterales y las costuras de las mangas.

Pulir juntos ambos cantos.

① Pespuntear.
② Pulir juntos ambos cantos.

DELANTERO (R)

Confeccionamos 3 la capucha.

① Pespuntear.

Capucha (R)

② Pulir juntos ambos cantos.

(D)

(D)

(R)
0,5 cm

③ Doblar dos veces y sobrepespuntear.

"Cómo hacer dobladillos",
g → página 42.

Ojales

4 **Cosemos la capucha al canguro.**

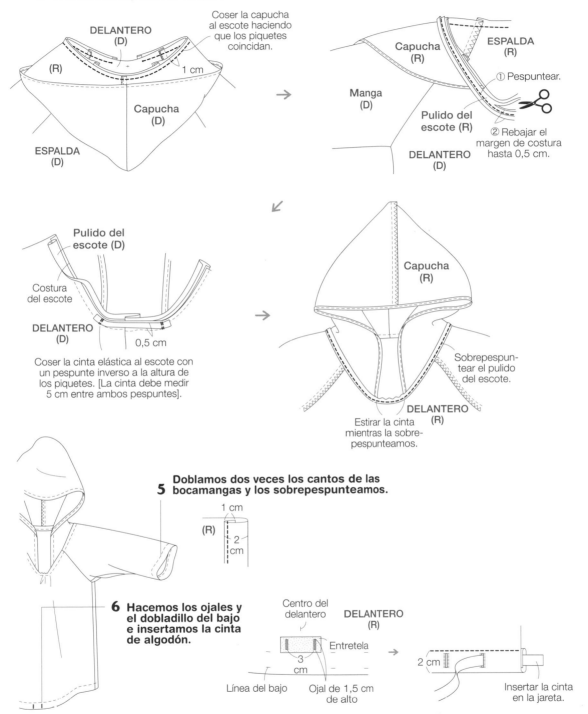

DELANTERO (D)

Coser la capucha al escote haciendo que los piquetes coincidan.

(R)

1 cm

Capucha (D)

ESPALDA (D)

Capucha (R)

ESPALDA (R)

Manga (D)

① Pespuntear.

Pulido del escote (R)

② Rebajar el margen de costura hasta 0,5 cm.

DELANTERO (D)

Pulido del escote (D)

Costura del escote

DELANTERO (D)

0,5 cm

Coser la cinta elástica al escote con un pespunte inverso a la altura de los piquetes. [La cinta debe medir 5 cm entre ambos pespuntes].

Capucha (R)

Sobrepespun-tear el pulido del escote.

DELANTERO (R)

Estirar la cinta mientras la sobre-pespunteamos.

5 **Doblamos dos veces los cantos de las bocamangas y los sobrepespunteamos.**

1 cm

(R)

2 cm

6 **Hacemos los ojales y el dobladillo del bajo e insertamos la cinta de algodón.**

Centro del delantero

DELANTERO (R)

Entretela

3 cm

Línea del bajo

Ojal de 1,5 cm de alto

2 cm

Insertar la cinta en la jareta.

Paso **8** de **r**, → página 58.

✝ Camisa para niño *página 25*

Piezas del patrón

t delantero; **t** espalda; **t** manga, **t** canesú y pulido del
canesú; **t** pie de cuello; **t** cuello

Materiales

Una pieza de algodón de 120 cm de ancho y 1,05 m
[talla 2]; 1,10 m [talla 4]; 1,15 m [talla 6]; 1,20 m
[talla 8] de largo
Una pieza de entretela termoadhesiva de 50 cm × 50 cm
6 botones de 1 cm de diámetro

[POSICIONAMIENTO DE LOS PATRONES]

Cuello
Doblar.
Canesú y pulido del canesú
Pie de cuello
Manga
4 cm
DELAN-TERO
4 cm
ESPALDA
Cortar a lomo.
105/ 110/ 115/ 120 cm
120 cm de ancho

Entretela termoadhesiva

Tapeta del delantero
Cuello
Pie de cuello
50 cm
50 cm

Si no se indica lo contrario, todos
los márgenes de costura miden
1 cm de ancho.
Las medidas se indican en orden
correlativo de tallas.
▨ Entretelamos estas piezas.

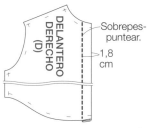

2

1

3

ESPALDA

DELANTERO

5

6

4

7 Hacemos el dobladillo del bajo.

Costura lateral
ESPALDA (R)
0,5 cm

8 Hacemos los ojales y cosemos los botones.

"Cómo hacer dobladillos",
g → página 42.

2 Cosemos el canesú a la camisa.

③ Doblar y planchar los cantos de
los hombros del pulido del canesú.

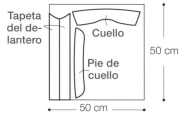

1 cm
Pulido del canesú (R)
1 cm
Canesú (R)
DELAN-TERO IZQUIERDO (D)
1 cm
DELANTERO DERECHO (D)
ESPALDA (D)

① Coser el pulido al
canesú intercalando el
canto superior de la
espalda de la camisa.

② Coser el canesú
a los delanteros
de la camisa.

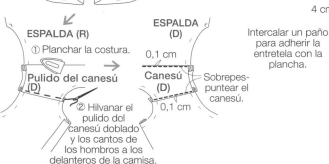

ESPALDA (R)
① Planchar la costura.
Pulido del canesú (D)
② Hilvanar el
pulido dol
canesú doblado
y los cantos de
los hombros a los
delanteros de la camisa.

ESPALDA (D)
0,1 cm
Canesú (D)
Sobrepes-puntear el canesú.
0,1 cm

[Preparación]

Doblar y planchar
como se indica.

Mangas
(hacer dos iguales)

(R)
2 cm   2 cm

Entretelar solo el sobrecuello
y el pie de cuello exterior.

(R)   **Sobrecuello**
(R)   **Pie de cuello exterior**

Entretelar las
tapetas izquierda
y derecha del
delantero.

Planchar el pliegue
de la espalda.
3 cm

4 cm
(R)
2 cm
2 cm

Intercalar un paño
para adherir la
entretela con la
plancha.

(D)

1 Confeccionamos la tapeta del delantero.

DELANTERO DERECHO (D)
Sobrepes-puntear.
1,8 cm

Doblamos de la misma
forma el delantero
izquierdo, pero sin
pespuntearlo.

3 **Cosemos las mangas a la camisa.**

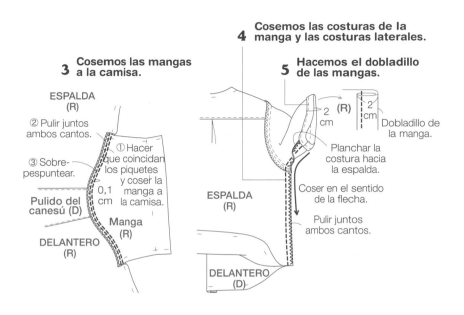

4 **Cosemos las costuras de la manga y las costuras laterales.**

5 **Hacemos el dobladillo de las mangas.**

ESPALDA
(R)

② Pulir juntos ambos cantos.

① Hacer que coincidan los piquetes y coser la manga a la camisa.

③ Sobre-pespuntear.

0,1 cm

Pulido del canesú (D)

Manga
(R)

DELANTERO
(R)

2 cm   (R)   2 cm

Dobladillo de la manga.

Planchar la costura hacia la espalda.

ESPALDA
(R)

Coser en el sentido de la flecha.

Pulir juntos ambos cantos.

DELANTERO
(D)

6 **Confeccionamos el cuello.**

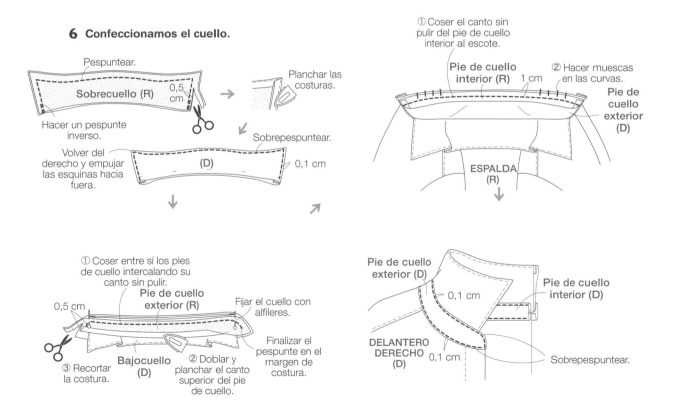

Pespuntear.

Sobrecuello (R)   0,5 cm

Hacer un pespunte inverso.

Volver del derecho y empujar las esquinas hacia fuera.

Planchar las costuras.

Sobrepespuntear.

(D)   0,1 cm

① Coser el canto sin pulir del pie de cuello interior al escote.

Pie de cuello interior (R)   1 cm

② Hacer muescas en las curvas.

Pie de cuello exterior (D)

ESPALDA
(R)

① Coser entre sí los pies de cuello intercalando su canto sin pulir.

Pie de cuello exterior (R)

0,5 cm

Fijar el cuello con alfileres.

③ Recortar la costura.

Bajocuello
(D)

② Doblar y planchar el canto superior del pie de cuello.

Finalizar el pespunte en el margen de costura.

Pie de cuello exterior (D)

0,1 cm

Pie de cuello interior (D)

DELANTERO DERECHO
(D)   0,1 cm

Sobrepespuntear.

Título original: *Kids no fundangi* por Ruriko Yamada.

Edición original japonesa publicada por EDUCATIONAL FOUNDATION BUNKA
GAKUEN BUNKA PUBLISHING BUREAU en 2009.

Esta edición castellana se ha publicado gracias a un acuerdo con
EDUCATIONAL FOUNDATION BUNKA GAKUEN BUNKA PUBLISHING
BUREAU, a través de Tuttle-Mori Agency, Inc., Tokio.

Págs. 26-32 extraídas de Sewing Recipe: Master Sewing Techniques as You Go.
Yoshiko Tsukiori Basic Technique (Autor: Yoshiko Tsukiori. Fotografía: Yasuo
Nagumo. Editor: EDUCATIONAL FOUNDATION BUNKA GAKUEN, BUNKA
PUBLISHING BUREAU).

Editor original: Sunao Onuma
Diseño: Hiroko Nakajima
Fotografía: Mie Morimoto
Instrucciones de confección y trazado digital de los patrones: Shikano Room
Escalado de patrones a tamaño natural: Kazushiro Ueno
Estilismo: Kiyomi Shiraogawa
Peluquería y maquillaje: Yumi Narai
Modelos: Francis Tamamo, Korari Kawamata, Hibiki Yano

Traducción: Belén Herrero
Diseño de la cubierta: Toni Cabré/Editorial Gustavo Gili, SL

Printed in Spain
ISBN: 978-84-252-3014-1
Depósito legal: B. 8307-2017
Impresión: Gráficas 94, Sant Quirze del Vallès (Barcelona)

Editorial Gustavo Gili, SL
Via Laietana 47, 2.º, 08003 Barcelona, España. Tel.: (+34) 93 322 81 61
Valle de Bravo 21, 53050 Naucalpan, México. Tel.: (+52) 55 55 60 60 11